CLÁUDIA ARAÚJO

Os Crimes dos Jornalistas

Uma análise dos processos judiciais contra a imprensa portuguesa

OS CRIMES DOS JORNALISTAS

UMA ANÁLISE DOS PROCESSOS JUDICIAIS CONTRA A IMPRENSA PORTUGUESA

AUTORA
CLÁUDIA ARAÚJO

EDITOR
EDIÇÕES ALMEDINA. SA
Av. Fernão Magalhães, nº 584, 5º Andar
3000-174 Coimbra
Tel.: 239 851 904
Fax: 239 851 901
www.almedina.net
editora@almedina.net

PRÉ-IMPRESSÃO | IMPRESSÃO | ACABAMENTO
G.C. GRÁFICA DE COIMBRA, LDA.
Palheira – Assafarge
3001-453 Coimbra
producao@graficadecoimbra.pt

Maio, 2010

DEPÓSITO LEGAL
311603/10

Os dados e as opiniões inseridos na presente publicação
são da exclusiva responsabilidade do(s) seu(s) autor(es).

Toda a reprodução desta obra, por fotocópia ou outro qualquer
processo, sem prévia autorização escrita do Editor, é ilícita
e passível de procedimento judicial contra o infractor.

Biblioteca Nacional de Portugal – Catalogação na Publicação

ARAÚJO, Cláudia

Os crimes dos jornalistas : uma análise dos processos
judiciais contra a imprensa portuguesa.
ISBN 978-972-40-4201-5

CDU 070
      343

ÍNDICE

Prefácio	11
Introdução	15
Capítulo 1 – As transformações no jornalismo e na justiça	21
1.1. A mercantilização do jornalismo	21
1.1.1. Da liberdade à responsabilidade do jornalismo	27
1.2. A nova visibilidade da justiça	31
1.3. Jornalismo e justiça: o confronto das duas identidades	34
1.3.1. As lógicas da acção mediática e judicial	36
1.3.2. Os problemas práticos da mediatização da justiça	38
1.3.3. Justiça e media: a coabitação democrática	42
Capítulo 2 – Enquadramento histórico-jurídico dos crimes cometidos através da imprensa em Portugal: de 1820 a 2009	47
2.1. Os crimes cometidos através da imprensa: de 1820 até 1926	47
2.2. Os crimes cometidos através da imprensa: de 1926 a 1974	52
2.3. Os crimes cometidos através da imprensa: após a revolução de 1974	56
2.4. Os crimes cometidos através da imprensa na actualidade	59
Capítulo 3 – Os jornalistas no banco dos réus	65
3.1. Liberdade de imprensa versus outros direitos fundamentais	65
3.2. As diferenças entre a jurisprudência portuguesa e a do Tribunal Europeu dos Direitos do Homem	66
3.3. Crimes contra a honra	74
3.3.1. Difamação	74
3.3.2. Ofensa à memória de pessoa falecida	84
3.3.3. Ofensa a organismo, serviço ou pessoa colectiva	85
3.4. Crimes contra a reserva da vida privada	85
3.4.1. Devassa da vida privada	85
3.4.2. Outros crimes contra a reserva da vida privada que podem ser cometidos através da comunicação social	98
3.5. Crimes contra outros bens jurídicos pessoais	99
3.5.1. Gravações e fotografias ilícitas	99
3.6. Crimes contra a realização da justiça	106

6   OS CRIMES DOS JORNALISTAS

3.6.1. Violação de segredo de justiça   106

3.7. Outros crimes que podem ser cometidos através da imprensa   123

CAPÍTULO 4 – Investigação Empírica   125

4.1. Metodologia da investigação   129

4.2. Análise e interpretação dos dados empíricos   133

4.2.1. O estudo de caso do jornal *Público* e o contexto global   133

4.2.2. Análise e enquadramento das variáveis   135

4.3. Síntese e reflexão sobre os resultados   157

CONCLUSÃO   163

BIBLIOGRAFIA   167

ANEXO 1 – Deveres dos Jornalistas   177

ANEXO 2 – Outros crimes contra a reserva da vida privada que podem ser cometidos através da comunicação social   179

ANEXO 3 – Artigo 86º do Código de Processo Penal – Publicidade do processo e segredo de justiça   181

ANEXO 4 – Reacções publicadas na imprensa à nova lei sobre publicação de escutas telefónicas   183

ANEXO 5 – Outros crimes que podem ser cometidos através da imprensa   185

ANEXO 6 – Entrevista a André Fontinha Raposo [E1]   189

ANEXO 7 – Entrevista a Martim Menezes [E2]   195

ANEXO 8 – Entrevista a Francisco Teixeira da Mota [E3]   201

Ao meu Pai.

AGRADECIMENTOS

Este livro tem na sua origem uma tese de mestrado apresentada à Faculdade de Letras da Universidade de Coimbra, em Fevereiro de 2010. É muito mais do que um trabalho individual, é uma mistura da colaboração de um grande número de pessoas. E, por isso, o meu agradecimento a todos aqueles que, de uma maneira ou de outra, permitiram que este trabalho se tornasse uma realidade.

Um agradecimento muito especial e emotivo à Professora Doutora Maria João Silveirinha, orientadora da tese, pela paciência, profissionalismo, empenho, dedicação, generosidade e amizade com que guiou a investigação.

Ao jornal *Público*, por ter aberto as portas a esta investigação.

Ao Dr. Francisco Teixeira da Mota e a toda a sua equipa pela simpatia e hospitalidade com que me receberam nas várias semanas que passei no escritório da sociedade de advogados a analisar os processos judiciais do jornal *Público*.

Ao Dr. Martim Menezes e ao Dr. André Fontinha Raposo pela partilha das suas experiências e conhecimentos sobre os processos judiciais contra a imprensa portuguesa.

À Margarida Franca, pela sua amizade e disponibilidade nos ensinamentos de SPSS.

À minha família e amigos, por todo o tempo que lhes roubei e por toda a força que me deram para não desistir de concretizar esta investigação.

Ao Jorge, por estar, de forma incondicional, sempre ao meu lado e pelo carinho com que acompanhou o desenvolvimento deste trabalho, ouvindo sempre, pacientemente, os meus relatos, as minhas descobertas e interrogações.

À Martinha, pela companhia que, durante nove meses, me fez nas longas noites de estudo e pelo forte incentivo que representou para a finalização desta obra.

PREFÁCIO

"A responsabilidade, como o respeito pelas leis, não é em si um entrave à liberdade; pelo contrário, ela pode ser a expressão autêntica de uma liberdade positiva. Mas ela opõe-se à liberdade da indiferença. É demasiado frequente, hoje em dia, a pretensa liberdade de imprensa ser apenas uma forma de irresponsabilidade social. A imprensa tem que ter consciência que os seus erros e as suas paixões deixaram de pertencer ao domínio privado para passarem a constituir perigos públicos. Se ela se engana, é a opinião pública que engana."

Estas frases do Relatório Hutchins, elaborado pela Comissão para a Liberdade de Imprensa, que concluiu os seus trabalhos de reflexão sobre os media norte-americanos em 1947, têm toda a actualidade no nosso país, mais de seis décadas depois.

Efectivamente, existe ainda em Portugal uma aparente contradição entre a ideia tradicional de liberdade e a sua necessária contrapartida de responsabilidade.

Para a generalidade da comunicação social e para muitos jornalistas, a sua liberdade – a liberdade das empresas e os direitos dos jornalistas, da liberdade de expressão à garantia da independência, constituem os eixos essenciais, quase únicos, da legislação da comunicação social.

Pelo contrário, são menosprezadas as regras que concretizam os direitos dos cidadãos a uma informação livre, plural e objectiva, afinal tão relevantes como aqueles. Desvaloriza-se o princípio segundo o qual a liberdade de expressão não só não é um direito absoluto, como está limitada pelos direitos dos outros e por interesses sociais. Desconfia-se de qualquer acção do poder político, mesmo que com o afirmado propósito de garantir a liberdade e o direito dos cidadãos à informação. Considera-se a acção das entidades reguladoras como uma inaceitável tutela da comunicação social, que limitaria indesejavelmente o funcionamento do mercado e da própria justiça. Entende-se frequentemente o exercício dos direitos de resposta e de rectificação como uma inusitada expropriação, para fins menos relevantes, da liberdade editorial dos órgãos de comunicação social.

Neste contexto, um dos aspectos mais polémicos da eterna fricção entre o direito à liberdade de expressão através da comunicação social e outros direitos fundamentais, que igualmente espelha a dificuldade em reconhecer a responsabilidade social dos *media*, consiste na definição da exacta e polémica fronteira que separa o livre exercício do acto de comunicar, através da palavra escrita ou falada, da ofensa de outros direitos fundamentais como a honra ou a reserva da vida privada.

Este estudo da Mestre Cláudia Araújo versa precisamente este tema, abordando de forma ampla a problemática relacionada com os crimes de imprensa. Contextualizando as lógicas da acção mediática e judicial, com tempos e prioridades diversas e, tantas vezes, opostas. Percorrendo os caminhos da mediatização da justiça, sem deixar de apontar um outro tema a estudar – o da instrumentalização dos *media* pela... justiça. Procedendo a um enquadramento histórico e jurídico dos crimes de imprensa na legislação da comunicação social desde 1820 até hoje. Esmiuçando, numa perspectiva eminentemente jurídica, os diversos crimes contra a honra ou a reserva da vida privada e familiar e a realização da justiça. Relacionando a instauração de processos judiciais contra os *media* com a (diminuta) utilização, pelos seus autores, desse mecanismo tão *sui generis* da comunicação social – o direito de resposta, apesar do carácter expedito, da gratuitidade e da eficácia deste instrumento para atingir o mesmo público que a ofensa que justificara o seu exercício. Sublinhando as assinaláveis diferenças entre a jurisprudência portuguesa e a do Tribunal Europeu dos Direitos do Homem, esta tendencialmente mais sensível à liberdade de expressão do que à protecção dos direitos da personalidade. Finalmente, analisando os processos judiciais instaurados a um jornal – o *Público*, que, louvavelmente, abriu as suas portas a essa investigação, de forma a apurar-se os mais diversos aspectos com eles relacionados, desde o tipo de processos até ao respectivo desfecho.

O tema central deste estudo não podia ter maior actualidade.

O número de processos instaurados contra jornais, nomeadamente os pertencentes à *imprensa popular*, cresceu nos últimos anos.

Simultaneamente, a atribuição à Comissão da Carteira Profissional de Jornalista de poderes disciplinares, graças às alterações ao Estatuto do Jornalista aprovadas em Novembro de 2007, veio a revelar-se inócua, não se confirmando os receios daqueles que viam nessa inovadora competência da comissão uma ameaça à liberdade de imprensa, nem as expectativas dos que esperavam que, dessa entidade praticamente formada por jornalistas, resultasse um relevante instrumento de auto--regulação, mesmo que induzida por uma legislação concebida e aprovada pelo poder político.

Subsiste uma alargada polémica sobre o segredo de justiça, cuja frequente e impune violação nos conduz, inevitavelmente, a problematizar a eficácia da legislação que o consagra.

Como bem sublinha a autora deste estudo, existe no nosso país um indesculpável vazio estatístico sobre os processos judiciais contra os media, matéria que poderia ser objecto de estudo por parte da Entidade Reguladora para a Comunicação Social (ERC). Importaria igualmente apurar o impacto das alterações realizadas com a Lei de Imprensa de 1999 no domínio da autoria dos crimes de imprensa. Foi então abolido o sistema de responsabilidade sucessiva, mas não se enveredou pelo anterior sistema de responsabilidade concorrente ou solidária, o que implicaria uma mudança significativa no modelo sancionatório. Os directores, antes responsabilizáveis pelos escritos ou imagens de autores desconhecidos, passaram a responder apenas por eventual omissão do dever de exercer o devido controlo sobre o conteúdo da publicação de modo a evitar que se cometam crimes ou, igualmente, caso não declararem, sendo para isso solicitados, a identidade do autor do escrito ou imagem de cuja publicação tenha resultado a ofensa.

A matéria contida nesta Dissertação de Mestrado constitui, desta forma, também um importante incentivo à reflexão sobre este vasto conjunto de temas tão relevante para a liberdade de imprensa. Esse é, sem dúvida, mais um dos seus incontestáveis méritos, justamente reconhecido nas suas provas académicas para a obtenção do grau de Mestre em Comunicação e Jornalismo.

ALBERTO ARONS DE CARVALHO

INTRODUÇÃO

Numa abordagem genérica à relação do jornalismo com o aparelho de justiça, em geral, e o criminal, em particular, não será arriscado dizer que, historicamente, esta relação tende a ser de colaboração: aos jornalistas, o aparelho de justiça e em especial as suas instituições criminológicas fornecem um imenso manancial de histórias; ao aparelho de justiça criminal e às suas instituições de policiamento, o jornalismo e as suas histórias de crime e transgressão tendem a conceder uma visibilidade que, pelo menos potencialmente, pode servir os interesses de reposição de uma certa ordem pública. As histórias de crime contadas pelos jornalistas definem a moral de uma sociedade, a percepção pública do que é verdade e é certo, do que é normal e afastado dos padrões, do que é permissível e do que é proibido. Pelo jornalismo, diferentes actores, instituições sociais e grupos de interesse participam na luta sobre o poder de definição nestas áreas da ordem social. Os media nas sociedades modernas ocidentais constituem-se, assim, como o lugar privilegiado para a representação simbólica da autoridade (Ericson *et al.*, 1991). Examinado deste modo, vemos que o jornalismo sobre crimes de uma dada época manifesta os problemas sociais e as ameaças que são percebidas como as mais importantes, e podemos encontrar no jornalismo de crime de diferentes períodos históricos, os contínuos conflitos culturais que o aparelho judicial e as instituições criminológicas que lhe são contíguas põem em jogo. Neste sentido, uma das funções desempenhadas pelas notícias de crime é, como da própria justiça criminal, estabelecer os limites da vida social.

Apesar desta cooperação entre o jornalismo e a justiça que serve interesses comuns, a relação entre ambas as instituições assume, por vezes, um carácter agonístico: por diversas razões, que adiante veremos, nem sempre as lógicas que presidem aos regimes de funcionamento de jornalistas e de profissionais do aparelho de justiça se equacionam de modo complementar, nem tão pouco os tempos e os objectivos de jornalistas e de profissionais da justiça sempre se coadunam pacificamente. Há, por outro lado, uma diferença fundamental entre os media e o aparelho judicial na relação normativa entre as duas instituições que coloca os primeiros numa dependência hierárquica do segundo: os jornalistas, independentemente de terem os seus próprios códigos normativos, ou a sua deontologia, são também sujeitos do aparelho de justiça, devendo conformar-se à lei (direito) pela qual a justiça vela.

Direito e deontologia são, na verdade, lentes normativas pelas quais o papel do jornalismo pode ser analisado. Em termos gerais, poderemos dizer que o direito diz o que o jornalista pode e não pode fazer, enquanto que a deontologia lhe diz o que deve e o que não deve fazer; o direito estabelece um padrão abaixo do qual as acções não têm validade colectiva, enquanto que a deontologia estabelece um padrão a que os jornalistas deverão aspirar.

A presidir a esse padrão está sempre, por outro lado, uma forte noção de autonomia. Como referem Glasser e Gunter (2005:389) a propósito da realidade americana, os jornalistas têm uma "ligação visceral à autonomia": querem escolher que histórias cobrir, como cobri-las, que fontes ouvir, o que relatar e como informar. Esperam também, mais em geral, ser independentes de outros indivíduos dentro e fora da profissão, numa expectativa reforçada pelo *ethos* competitivo de salas de redacção e pela tradição liberal de interpretar a liberdade de expressão como um direito negativo. Ironicamente, mais do que ser um modelo da prática jornalística, um certo sentido de autonomia jornalística pode tornar difícil colocar questões normativas e promover uma imprensa democraticamente útil.

É verdade que o profissionalismo dá aos jornalistas alguma medida de discrição (Soloski, 1989), mas o alto nível da autonomia contida em muitos códigos de ética profissional não existe porque não pode existir. Longe de deter um total controlo sobre o seu trabalho, a maior parte dos profissionais trabalham dentro de estruturas burocráticas que organizam o trabalho segundo linhas hierárquicas da autoridade e, além disso, estão dependentes das suas fontes com quem mantêm relações que nunca chegam a ser formalmente estruturadas, mantendo-se, por isso, a níveis informais e precários. Por outro lado, como já dissemos, o jornalista não está acima da lei e a sua actividade está também regulada por esta. Apesar desses constrangimentos, os jornalistas fazem da sua visão da ética a principal (ou idealmente mesmo a única) base para o seu trabalho, que tem, no seu próprio discurso, sempre uma ligação à necessidade de ampla liberdade como garante da democracia. Como diz João Pissarra Esteves (1998:22), «o seu discurso de superfície assume a intencionalidade ética de projectar os media como instrumentos fundamentais da democracia – com base na sua função informativa e num conjunto de valores de referência (neutralidade, verdade, objectividade, distanciamento, etc.). Mas a grande ilusão desta ideologia está na crença de que os jornalistas, só por si e sem qualquer mudança estrutural profunda, podem condicionar decisivamente o funcionamento democrático dos media».

Todos os países têm o seu próprio conjunto de leis de imprensa. As fontes e os objectivos destas leis reflectem juízos de valor políticos e socioculturais de cada sociedade ao pesar na balança a liberdade de imprensa e os seus valores concorrentes. Alguns países adoptam leis especiais dirigidas directamente à imprensa, enquanto outros escolhem leis de imprensa indirectas. Essas leis podem ou não derivar de um compromisso constitucional com uma imprensa livre. Em todo o caso, a relação das leis de imprensa de um país não é apenas uma garantia constitucional ou um estatuto especial para a imprensa, mas contém uma filosofia política na sua base: a tradição, a cultura e as normas de uma imprensa livre podem fazer a diferença nas leis de imprensa.

Estas leis são um tópico importante de ensino e pesquisa e o seu papel na formação no jornalismo é inegável, implicando o estudo das linhas de relação entre a imprensa e o Governo. O quadro teórico, doutrinal e metodológico que rodeia a autoridade (e mesmo a obrigação) do Estado para regular os meios de comunicação, crescentemente voltados para o mercado, por forma a garantir os valores democráticos da sociedade, implica a reconsideração da dinâmica estrutural e individual da imprensa.

No espaço desta dissertação cabe apenas uma parte dessa reconsideração: a identificação e análise dos limites à liberdade de expressão, personificados pelos processos judiciais instaurados aos jornalistas. Estas situações têm levado, em vários países, à criação de organizações que monitorizam a actividade dos media no que diz respeito aos crimes de imprensa. É esse o caso do *Media Law Resource Center* (MLRC),

OS CRIMES DOS JORNALISTAS

organização da sociedade civil, que, a par do estudo de outras questões legais ligadas aos media, procede a essa monitorização, disponibilizando os seus resultados a todo o público.

Já em Portugal, o vazio estatístico em relação aos processos judiciais contra os media é uma evidência. Em termos concretos, os únicos detentores desta informação são as direcções e os respectivos advogados de cada jornal. Não há uma visão conjunta, baseada em dados objectivos, sobre esta realidade. É nesse sentido que o objectivo desta investigação é contribuir para pensar como se caracterizam e qual a evolução dos processos judiciais, maioritariamente criminais, contra a imprensa portuguesa.

Este livro está organizado em quatro capítulos, sendo os três primeiros de enquadramento teórico (as transformações que se operaram no jornalismo e na justiça, a evolução histórica do quadro jurídico relativo aos crimes cometidos através da imprensa, a caracterização da actuação dos tribunais portugueses e do Tribunal Europeu dos Direitos do Homem em relação a este tipo de processos, os principais tipos de crime de que os jornalistas portugueses são acusados) e o quarto capítulo dedicado à investigação empírica.

Tendo em conta que as alterações que se verificaram, nos últimos anos, no jornalismo e na justiça potenciam o abuso de liberdade de imprensa e, consequentemente, o número de processos judiciais contra os media, no Capítulo I fazemos uma descrição dos actuais cenários em que se movimentam o jornalismo e a justiça. Ainda que os problemas e virtualidades de cada um destes campos não se reduzam mutuamente, pensamos que há transformações que se tocam e que podem ajudar a explicar algumas das *malaises* explícitas nos momentos em que os jornalistas ocupam o banco dos réus. No caso do jornalismo, destacamos as consequências da lógica mercantilista que, com demasiada frequência, produz uma submissão aos critérios comerciais. Tendo como base esta nova realidade mediática, é desenvolvida a questão da responsabilidade dos jornalistas, também com frequência acusados de gozar de uma certa impunidade, de um «poder sem responsabilidade» (Curran e Seaton, 2003). No caso da justiça, é dada especial atenção à nova visibilidade e mediatização da justiça, consequência do forte interesse e cobertura mediática dos temas judiciais. Neste capítulo, fazemos ainda uma abordagem da conflituosa relação entre o jornalismo e a justiça, motivada, na maior parte dos casos, precisamente pelas profundas alterações que ocorreram nestas duas instituições sociais.

Assumindo que a liberdade de expressão é um direito em constante mutação, no Capítulo II fazemos um enquadramento histórico do quadro jurídico dos crimes cometidos através da imprensa, de 1820 a 2009. Acompanhando a história, esta resenha é apresentada em quatro momentos: de 1820 até 1926, de 1926 a 1974, após a revolução de 1974 e na actualidade.

No Capítulo III, denominado "Os jornalistas no banco dos réus", fazemos uma breve comparação da actuação dos tribunais portugueses e do Tribunal Europeu dos Direitos do Homem (TEDH) em relação aos processos judiciais contra os media, resultantes de conflitos entre o direito de liberdade de expressão e outros direitos de personalidade. Tendo em conta que a maioria destes processos são criminais, fazemos também uma apresentação dos principais tipos de crime de que os jornalistas portugueses são acusados: difamação, ofensa à memória de pessoa falecida, ofensa a organismo, serviço ou pessoa colectiva, devassa da vida privada, gravações e fotografias ilícitas e violação de segredo de justiça.

No Capítulo IV, é desenvolvida a investigação empírica baseada no estudo de caso dos processos judiciais instaurados ao jornal *Público* (nos anos de 1994 e 1995/ 2004 e 2005) e em entrevistas aos advogados dos grupos de media detentores dos principais títulos diários da imprensa portuguesa. O propósito deste trabalho empírico é analisar e caracterizar a incidência destes processos (o número de processos que são instaurados, em média por ano, a um jornal; o tipo de processos; o tipo de pessoas/entidades que instauram este tipo de processos; o desfecho; a duração) e o peso financeiro que as respectivas penas e indemnizações representam para os meios de comunicação social, traçando, assim, um quadro geral que procura delinear os contornos concretos da interface conflituosa entre o jornalismo, a sociedade e a própria justiça.

CAPÍTULO 1

AS TRANSFORMAÇÕES NO JORNALISMO E NA JUSTIÇA

Nos últimos anos, quer o jornalismo, quer a justiça sofreram alterações substanciais. Muitas destas alterações prendem-se com os desenvolvimentos tecnológicos e as modificações económicas e sociais das últimas décadas que transformaram o modo de funcionamento destas duas áreas, levando a que, em algumas circunstâncias, elas se toquem de modo conflitual não só entre si, mas envolvendo outras áreas da sociedade. Certas transformações, na verdade, potenciam um jornalismo transgressivo do ponto de vista do direito, levando ao desenvolvimento do que, do ponto de vista da lei, são os crimes cometidos através da imprensa. Haverá, certamente, transformações sociais e políticas que contribuem para este problema, incluindo uma crescente consciência, por parte dos consumidores dos media e dos cidadãos em geral, dos seus direitos face ao poder da imprensa e que, nesse sentido, recorrem ao direito para a reposição do que entendem ser justo. Mas, além dessas transformações gerais, importa ainda encontrar alguns dos principais factores que, nas próprias esferas do jornalismo e da justiça, e de um modo muito concreto, contribuem para a potenciação dos conflitos entre o direito e os media.

1.1. A mercantilização do jornalismo
Um aspecto que os estudos dos media têm crescentemente desenvolvido para explicar os desenvolvimentos do próprio jornalismo é o da economia política dos media. Na verdade, também o jornalismo português sofreu, nos últimos anos, fortes mudanças, que se têm reflectido no modo de fazer jornalismo, bem como na própria identidade dos jornalistas. Aquela visão romântica «do repórter em cruzada que, para grande espanto de um rabugento mas benévolo editor, investiga um dos mais infames políticos da cidade, e depois de árduo trabalho e um pouco de sorte, apanha o político "em flagrante", ajuda a mandá-lo para a prisão e melhora a vida dos oprimidos e desprotegidos» (Soloski, 1989:91) foi perdendo força, sendo hoje encarada quase como uma excepção.

OS CRIMES DOS JORNALISTAS

O forte peso da lógica de mercado sobre o fazer jornalístico e, consequentemente, o trabalhar da informação como um bem de consumo, como predominantemente se de uma mercadoria se tratasse, faz com que, crescentemente, o jornalismo ganhe contornos de mercantilização. Como já identificavam dois autores alemães no início da década de 80, «o objectivo da produção de notícias de exploração de capital não é tanto as notícias como um bem, informativas, fiáveis, de verdade, etc., mas a exploração do capital dos meios de comunicação» (Hund & Kirchhoff-Hund, 1983:85). Também McManus (1994), que aplica a lógica microeconómica à produção das notícias, sublinha que os media competem entre si não só pelas audiências, mas também pela publicidade, fontes e investidores, procurando retorno de investimento e lucro, o que traz implicações na função social do jornalismo.

Entre nós, um questionário feito aos jornalistas portugueses, em 2001, intitulado "Mudanças na prática do jornalismo", mostra precisamente que, para estes profissionais, a grande problemática do jornalismo da actualidade recai nas lógicas comerciais que cada vez mais orientam as empresas e os grupos de comunicação: «O sensacionalismo, a "tabloidização", o *infotainment* e a superficialidade são ao mesmo tempo característica e consequência daquele quadro de concorrência exacerbado» (Pinto, 2004:11).

O problema é que a submissão à lógica do mercado tem fortes repercussões aos mais variados níveis: não só nas suas funções sociais, como na identidade e actuação dos jornalistas, na selecção e aplicação dos «valores-notícia», bem como na qualidade e no rigor da própria informação.

A prioridade que hoje é dada à lógica comercial faz com que, gradualmente, sejam mais facilmente abandonadas as funções sociais de informar e formar, não importando tanto que o público esteja informado, mas «que consuma os meios de comunicação tal como consome automóveis, bebidas ou electrodomésticos» (Fontcuberta, 1999:30). Considerada uma mercadoria, a informação é orientada pelo princípio da rentabilidade e, consequentemente, concebida para vender. Numa visão radicalizada desta mercantilização, a informação não é mais do que um «produto como qualquer outro, objecto de compra e venda, proveitoso ou dispendioso, condenado assim que deixa de ser rentável» (Halimi, 1998:4).

Dentro desta lógica empresarial, o jornalismo como serviço público vai dando assim, cada vez mais, lugar ao jornalismo como negócio. O interesse público da informação vai sendo substituído pelo interesse comercial da informação, sendo agora o público encarado mais como consumidor do que como cidadão. É neste contexto que Benoît Grevisse defende que deveria haver uma separação entre os media de carácter estritamente comercial e os media que valorizam os critérios orientados para um serviço público dos cidadãos e da democracia. Estes, numa lógica de afastamento do lucro fácil, seriam apoiados por políticas públicas de forma a garantir a sustentabilidade financeira das empresas de comunicação social, criando assim uma alternativa no mercado dos media (Grevisse, 2000:45-48).

Mas, de um ponto de vista da economia política dos media, a relação entre o jornalismo e o mercado não se limita à concepção da notícia enquanto mercadoria. Ela envolve também a utilização da informação enquanto instrumento de estratégias empresariais, quer através da influência dos grupos económicos na construção da "agenda" mediática evidenciando temas que correspondem aos respectivos interesses estratégicos, quer através de censura de informações incómodas ou nocivas aos interesses empresarias, como por exemplo, quando notícias desfavoráveis a um anunciante são omitidas (Mesquita, 2003:248- -250; McManus, 1994).

O jornalismo, ao estar de forma permanente «submetido à prova dos veredictos de mercado» (Bourdieu, 1997:84), faz com que sejam destacados e valorizados os critérios relacionados com as audiências, predominando o simples, o curto e o que vende bem.

A lógica do critério de audiências traduz-se também, cada vez mais, em exigências de velocidade informativa, que faz com que haja uma drástica diminuição do tempo destinado à produção e confirmação da notícia. No panorama actual do *online*, em que as notícias são produzidas ao segundo, esta velocidade põe muitas vezes em causa a exactidão, seriedade e verdade da própria notícia, pois, nesta pressa do instantâneo, muitas confirmações ficam pelo caminho e as notícias acabam por se revelar incoerentes e sem sustentação objectiva.

Numa época da "informação-espectáculo", com a forte presença da dramatização, da emoção e do sensacionalismo, o que acontece é que «o valor da notícia enquanto informação cede perante o valor da notícia enquanto entretenimento» (Mesquita, 2003:231). E embora a "informação-espectáculo" seja uma característica da televisão, podemos crescentemente encontrar as mesmas características nos outros media, que seguem os requisitos desta informação-espectáculo[1].

Diversos autores da economia política dos media e da sociologia apontam para que, se à partida, a concorrência no jornalismo pode trazer uma maior qualidade, diversidade ou inovação na investigação de novos temas, na prática raramente isso acontece. Na verdade, como sublinha Bourdieu (1997:86), a concorrência, «longe de ser automaticamente geradora de originalidade e de diversidade, tende muitas vezes a favorecer a uniformidade da oferta», acabando por sobressair um «mimetismo mediático» (Ramonet, 1999:20) na maioria dos meios de comunicação social.

E é este mimetismo mediático que, em situações de potencial noticioso, provoca verdadeiras "overdoses" de informação. De acordo com Ramonet, esta «febre» que se apodera dos media, esta «imitação delirante» provoca um efeito bola-de-neve e funciona como uma espécie de auto-intoxicação: «quanto mais os meios de comunicação falam de um assunto, mais se persuadem, colectivamente, de que este assunto é indispensável, central, capital, e que é preciso dar-lhe ainda mais cobertura, consagrando-lhe mais tempo, mais recursos, mais jornalistas» (Ramonet, 1999:21).

Ao pensar na realidade empírica a que estas perspectivas se aplicam, muitos são os casos que nos vêm à memória, como acontece com o já

---

[1] Sobre o crescimento dos formatos de entretenimento na informação televisiva ver Brants, Kees (2005), «Quem tem medo do infotainment?», in Revista Media & Jornalismo, nº 7, pp.39-58.

paradigmático caso "Maddie"[2], a menina inglesa que em 2007 desapareceu de um aldeamento turístico no Algarve. O caso durante largos meses marcou manchetes e aberturas de telejornais, e, independentemente de haver ou não novos dados factuais sobre o desaparecimento, os media, nacionais e internacionais, dedicaram-lhe diariamente muito tempo e espaço[3]. Para alimentar este interesse, na falta de novidades, as notícias foram baseadas, na maioria dos casos, em suposições, especulações, contradições e em incessantes repetições, que no caso das televisões se caracterizavam por longos directos sem qualquer informação relevante. Instalados em verdadeiros "acampamentos" e redacções ao ar livre, em frente do aldeamento, os vários jornalistas que cada órgão de comunicação tinha a trabalhar no caso em exclusivo, foram fazendo do caso "Maddie" uma verdadeira "novela informativa", onde a emoção e a dramatização prevaleceram em relação à objectividade e ao rigor.

Esta novela foi também ajudada por «uma certa inversão de papéis entre os media e os protagonistas» (Machado e Santos, 2008), pois os próprios McCann tinham uma «autêntica "máquina" mediática que, através da divulgação de comunicados de imprensa diários, eventos publicitários, entrevistas a órgãos de comunicação social e encontros com altas personalidades, pretendiam que o assunto do desaparecimento da sua filha permanecesse o mais longo período possível na

---

[2] Em Machado, Helena, Santos, Filipe (2008), «Crime, drama e entretenimento. O caso Maddie e a meta-justiça popular na imprensa portuguesa», Oficina do CES, nº 310, é feita uma interessante análise da cobertura mediática deste caso.

[3] De acordo com o serviço Telenews da MediaMonitor, divulgado a 9 de Setembro de 2007, o caso "Maddie" produziu, de Maio a Setembro, 104 horas de informação nos blocos de notícias da *RTP 1*, *RTP 2*, *SIC* e *TVI*, representando 5,1 por cento do total de matérias abordadas por estas televisões, o que significa que uma em cada 20 notícias era sobre este assunto. Durante estes seis meses, foram emitidas 2191 notícias, sendo a *SIC* o canal televisivo que mais noticiou o caso, com um total de 861 notícias, seguida da *TVI* com 609, da *RTP1* com 592 e da *RTP2* com 129. O primeiro mês do desaparecimento (com 788 notícias e 43 horas de informação) e a altura em que os pais da menina foram constituídos arguidos e regressaram a Inglaterra (com 531 notícias) foram os dois momentos com maior produção noticiosa.

agenda mediática, procurando em simultâneo reunir apoio público para a sua causa».

Este foi, sem dúvida, um caso em que os diferentes órgãos de comunicação social «se auto-estimulam, super-excitam uns aos outros, multiplicam cada vez mais as ofertas e deixam arrastar a superinformação numa espécie de espiral vertiginosa, inebriante, até à náusea» (Ramonet, 1999:21).

Esta oposição entre os domínios comercial e informativo, onde o jornalista é «simultaneamente funcionário da humanidade e funcionário de uma indústria» (Garcia, 1994:73-74), é também indissociável de outras alterações que têm afectado a actividade jornalística. Há hoje evidências de novos paradigmas profissionais centrados «no jornalista multimédia, ao serviço de grupos económicos desenvolvidos precisamente segundo uma estratégia multimédia ou de pequenas empresas trabalhando para esses grupos; na crescente impregnação da informação pela ideologia publicitária; na igualmente crescente mistura entre notícia e comentário, informação e divertimento, realidade e ficção; no tendencial predomínio do jornalista especializado sobre o generalista, e do polivalente sobre o que domina as técnicas de apenas um tipo de media; na concorrência dos profissionais com novos protagonistas utilizadores de formatos jornalísticos, mas indiferentes aos princípios e à ética profissionais; na invasão da informação pela comunicação» (Correia, 1997:264).

Neste novo quadro identitário, centrado num novo enquadramento empresarial, em novas funções e em novas tecnologias, esbatem-se algumas fronteiras na limitação das regras éticas e políticas de um sistema mediático que pretende substituir a informação "politicamente correcta" pela "economicamente correcta". Como sublinha Graça Meireles (2007:148-149), é como se os padrões de conduta do jornalista clássico «estivessem desadequados da visão consumista dos media, impondo-lhe uma transição obrigatória para uma nova forma de fazer jornalismo, devidamente adaptada à pressão de rentabilidade, aos imperativos tecnológicos e às expectativas do público».

Neste panorama, como podemos equacionar o comportamento profissional dos jornalistas perante a sociedade que com eles tem uma espécie de "pacto de leitura" das realidades sociais e políticas que a todos envolve? E como podem os próprios jornalistas equacionar o seu comportamento profissional à luz dos padrões normativos que estabeleceram para si próprios? Sejam quais forem as respostas possíveis a estas questões, elas terão sempre de ser enraizadas numa compreensão que se estende para além da perspectiva da economia política dos media e abarca a linha filosófica que une os conceitos de liberdade de expressão e de responsabilidade do jornalismo.

1.1.1. Da liberdade à responsabilidade do jornalismo

Como vimos, a submissão às exigências e aos critérios comerciais abre caminho para as "derrapagens" deontológicas na imprensa e nos meios audiovisuais. A falta de rigor e exactidão, o sensacionalismo, o exagerado uso de fontes anónimas, o desrespeito pela presunção de inocência e a invasão da vida privada são alguns dos erros de conduta da comunicação social.

A deontologia jornalística, apresentada como a teoria dos deveres profissionais do jornalista, apesar de não possuir a força coerciva da lei, representa uma forma de auto-regulação necessária para a credibilidade da profissão. No entanto, esta deontologia, assente em códigos de conduta, tem mostrado as suas fragilidades na garantia das responsabilidades dos jornalistas. Como sublinha Mário Mesquita, a «deontologia-todo-poderosa, salvadora dos cidadãos, essa só existe na imaginação generosa dos ingénuos ou na estratégia cínica de alguns "comunicadores"» (Mesquita, 2001).

Embora haja diversos mecanismos de regulação – quer de auto-regulação[4], quer de hetero-regulação[5] – é frequente a crítica de que o jornalismo goza de impunidade na sua actuação e detém um «poder sem responsabilidade» (Curran e Seaton, 2003). Isso é especialmente

---

[4] Entendemos estes como os mecanismos e instrumentos voluntários criados pelos próprios media, incluindo os códigos deontológicos, os livros de estilo, os conselhos de redacção ou os conselhos de imprensa.

[5] Aqui incluímos os mecanismos legais adoptados pelo Estado para enquadrar e fiscalizar a actividade jornalística.

aplicável na cobertura de assuntos com grande repercussão mediática e, consequentemente, com forte peso nas audiências, que desembocam em situações em que a credibilidade da actuação dos media acaba por ser posta em causa e ser alvo de fortes críticas.

É neste contexto que, cada vez mais, se questiona: Como e quem controla a responsabilidade profissional dos jornalistas? Quem controla a falta de qualidade do jornalismo? Quem controla o cumprimento da sua função social? «Quem guarda os guardiões?» (Christians *et al*, 2004:14). Mas a tentativa de impor responsabilidades e de exigir a prestação de contas é um assunto que causa algum "melindre" e resistência na classe jornalística, pois é quase sempre encarada como uma forma de limitar a liberdade de expressão, como uma forma de controlo e censura.

Nesta preocupação de regulação da actividade jornalística[6], vários autores diferenciam a questão da responsabilidade – *responsibility* – da questão da prestação de contas – *accountability* (Hodges, 1986:14; Newton *et al.*, 2004; Pritchard, 2000:2; McQuail, 2005:241).

Quando se fala de *responsibility* fala-se da "responsabilização por" determinada tarefa, compromisso ou obrigação estabelecida (por providenciar informação exacta, por informar os leitores sobre o Governo, por não invadir a vida privada, etc.), enquanto que *accountability* é a "responsabilização perante" algo ou alguém (um Governo, um director, um tribunal, os leitores, entre outros), é a avaliação do

---

[6] Newton *et al* (2004) enunciam três ordens de razão pelas quais o jornalismo difere de outras profissões em matéria de responsabilização. Uma é relativa ao facto da maioria das profissões (advogados, médicos, engenheiros, etc.) ser regulada e responsabilizada por um sistema misto de associações profissionais e entidades governamentais, o que não acontece no caso do jornalismo, em que o Estado se deve manter neutro e evitar condicionar a sua actividade. Por outro lado, as associações profissionais que têm noutras profissões atribuições quase-governamentais, no âmbito do jornalismo tendem a ser voluntárias e não oficiais. Por último, várias profissões (como por exemplo, as ligadas à medicina e ao direito) têm uma relação próxima entre o ensino académico e a forma como são exercidas, mantendo uma relação estreita e formal entre a teoria e a prática, o que geralmente não acontece com o jornalismo.

cumprimento desses compromissos ou obrigações, é a obrigação de prestação de contas à sociedade.

A *responsability* refere-se à questão «a que necessidades sociais se espera que os jornalistas respondam?». Por sua vez, a *accountability* oferece uma resposta à questão «como pode a sociedade exigir que os jornalistas dêem contas do seu desempenho, tendo em conta as necessidades que lhe foram atribuídas?» (Hodges, 1986:14).

A primeira é prévia à segunda, ou seja, é necessário definir objectivamente quais as responsabilidades dos jornalistas para poder avaliar o seu desempenho e, em última análise, discutir perante quem são responsáveis. E perante quem são os jornalistas responsáveis? De acordo com Newton *et al.* (2004), são responsáveis perante todas as pessoas cujas vidas e bem-estar podem ser significativamente afectadas pela sua conduta profissional. Na prática, isso pode traduzir-se em responsabilização perante os próprios, a sociedade em geral, as pessoas que constituem a sua audiência, os sujeitos das notícias, as fontes e eventualmente ainda perante os seus empregadores (embora nestes casos a resolução de conflitos de interesse deva ser sempre em favor da sua audiência) e a sua profissão. Um especial destaque deve ser dado à responsabilização perante os sujeitos das notícias e as fontes, já que estes dois grupos são os que potencialmente podem ter as suas vidas mais afectadas, quer positiva, quer negativamente, pela actividade jornalística.

Assumindo que a ética e a deontologia, por si, não são suficientes para julgar o trabalho dos jornalistas e tendo em conta, precisamente, que o público tem o direito a esse juízo, Bérnier (1996:185) defende o princípio da imputabilidade dos jornalistas, «que consiste simplesmente em pedir-lhes que prestem contas, que respondam pelas suas decisões e pelas suas práticas». Na opinião deste autor, o cumprimento da função social do jornalismo não pode significar, de maneira nenhuma, a impunidade do jornalista (Bérnier, 1995:25).

Esta prestação de contas, esta exigência de *accountability* tem como principais objectivos proteger e promover a liberdade dos media, prevenir ou limitar os prejuízos por eles causados e promover os seus contributos positivos para a sociedade (McQuail, 1997:525). Estes objectivos concretizam-se no cumprimento pelo jornalista de três tipos de responsabilidades: as responsabilidades impostas pela lei ou por normas reguladoras; as responsabilidades contratuais entre os media e o público; e as responsabilidades auto-impostas por compromissos profissionais voluntários para assegurar os padrões éticos e o interesse público (McQuail, 1997:516).

Consequentemente, estas responsabilidades originam níveis diferentes de *accountability*, que se podem englobar em quatro categorias (McQuail, 1997:524; 2005:246-247; Bardoel *et al*, 2004:173-175): o nível da lei e da regulação, o nível do mercado, o nível da responsabilidade pública e o nível da responsabilidade profissional.

A *accountability* perante a lei e a regulamentação é baseada em mecanismos e procedimentos formais, definidos por lei, que descrevem aquilo que o jornalista e as empresas de media podem ou não fazer.

Na *accountability* perante o mercado, os mecanismos de prestação de contas são os do processo normal da oferta e da procura. Num mercado livre e competitivo, em que o consumidor pode escolher e em que se beneficia a boa performance e se penaliza a má, a empresa de media procura corresponder às expectativas dos seus consumidores e das audiências.

O nível de responsabilidade pública diz respeito ao facto de as empresas de media serem também instituições sociais, responsáveis pela divulgação de informação necessária à participação do cidadão na vida pública e pela defesa do interesse público numa sociedade democrática. A perda de credibilidade, de prestígio e da confiança do público são as consequências do não cumprimento das funções sociais.

Quanto ao nível da responsabilidade profissional, exige-se que o jornalista preste contas do cumprimento dos compromissos éticos e deontológicos da profissão, fundamentados em códigos ou livros de conduta.

Independentemente de todos os mecanismos de regulação, tendo em conta o cenário actual do jornalismo atrás descrito, não estarão os media a enfrentar aquilo que McQuail (2005:235) chama de uma crise de *accountability*?

1.2. A nova visibilidade da justiça

Ao pensar a relação entre os media e a justiça não basta, no entanto, ter apenas em conta as transformações dos media, dado que também o aparelho judicial tem sofrido profundas mutações, nomeadamente no seu relacionamento com a comunicação social.

Na verdade, uma dessas transformações é o próprio modo como a justiça criminal passou a estar presente nos media, agora não apenas pelo relato de crimes episódicos e da informação destes através de fontes policiais, que historicamente caracterizou a relação do mundo da justiça com o dos media, mas pela presença de crimes complexos e variados, em fases processuais diferentes e, sobretudo, oriundos de fontes informativas não-controladas de modo centralizado, como acontecia no caso das tradicionais fontes policiais. Se, durante muitos anos, a justiça portuguesa se manteve em "silêncio mediático", hoje as questões relacionadas com a justiça têm cada vez mais peso informativo, fazendo parte da agenda diária dos media a cobertura de processos judiciais, essencialmente de processos criminais.

Esta nova realidade, por outro lado, caminha lado a lado com a emergente lógica de mercado do jornalismo, pois o crime desperta emoções, o crime "vende". Os temas relacionados com a justiça enquadram-se, assim, nos critérios de noticiabilidade, despertando um grande interesse na comunicação social, pois «respondem, na maioria das vezes, ao interesse público e, quase sempre, também ao próprio interesse do público e do mercado» (Évora, 2004:2).

Este interesse que certos processos judiciais, essencialmente da área criminal, despertam na comunicação social não é um fenómeno novo. O que efectivamente é novo é o aumento exponencial do espaço que os temas criminais ocupam nos media e, consequentemente, a elevada projecção que acabam por ter na sociedade. Partindo da ideia de que os processos judiciais sempre tiveram o potencial de se transformarem em dramas, Boaventura Sousa Santos (2003) faz uma comparação metafórica entre espaços teatrais, pois durante muito anos, este era um teatro para um auditório restrito, que foi transformado pelos media «num teatro de boulevard, entretenimento em linguagem directa e acessível a grandes massas». Foi a partir da década de noventa do século passado que a justiça passou a ter uma nova visibilidade social junto da opinião pública, correspondendo a um novo padrão de intervencionismo judiciário.

Sendo que a visibilidade mediática se dirige, muitas vezes, aos abusos de poder e aos agentes políticos que os protagonizam, Boaventura Sousa Santos (2002:151) defende que este novo protagonismo da justiça se traduz num confronto com a classe política e com outros órgãos de soberania, na judicialização dos conflitos políticos. Na sua opinião, esta notoriedade está também relacionada com a explosão de litigiosidade, «induzida pelas dívidas de consumo e pela criminalidade contra a propriedade, directa ou indirectamente relacionada com o tráfico e o consumo de drogas» e pelo aparecimento de novos tipos de criminalidade, como o crime económico, a corrupção, a pedofilia ou o tráfego de órgãos. No entanto, estes factos, só por si, não conseguiriam explicar a forte visibilidade dos tribunais. O grande impulsionador deste novo protagonismo foram as transformações no campo das tecnologias de informação e comunicação (quer tecnológicas, quer ao nível da privatização), que provocaram o aparecimento de uma poderosa indústria da comunicação. Foi precisamente na forte expansão da indústria dos media «que os tribunais se transformaram, quase de repente, num conteúdo apetecível» e a «plácida obscuridade dos processos judiciais deu lugar à trepidante ribalta dos dramas judiciais» (Santos, 2002:152).

Também Artur Rodrigues da Costa (2006:16-23) faz uma interessante análise do tratamento da justiça portuguesa pela comunicação social, desde o início dos anos 90 do século passado até à actualidade, distinguindo três fases específicas: a fase eufórica, a fase pós-eufórica ou de crise e a actual, de aprofundamento da crise da justiça. A escolha do início dos anos 90 é justificada com o facto de durante os anos do fascismo e os anos posteriores ao 25 de Abril, a justiça não ter quase nenhuma visibilidade para a comunicação social, «continuando a viver o seu mundo à parte, inacessível e intangível».

A primeira fase do relacionamento entre a justiça e a comunicação social começa no início dos anos 90 e é designada de «fase eufórica» ou de «relação de encantamento» entre a justiça e os media. Juízes e magistrados do Ministério Público eram tratados na comunicação social como vedetas, que «pareciam dar-se bem nesse papel de relevantes actores sociais, mirando-se com embevecimento no espelho da comunicação social». Nesta fase, os tribunais alcançaram um grande protagonismo com julgamentos mediáticos, em casos como "Emáudio-Melância", "Costa Freire", "Padre Frederico da Madeira". Rodrigues da Costa (2006) considera mesmo que o «emblemático julgamento» do padre Frederico, caracterizado por uma total abertura aos media, constituiu o ponto alto do privilegiado relacionamento entre justiça e comunicação social.

Na segunda fase, «pós-eufórica ou de crise», depois de meados da década de 90, houve uma transformação radical, passou-se para uma «imagem de descalabro», onde «a crise passou a ser notícia». Esta fase coincide com processos como o das "FP25", o caso "Leonor Beleza", as fraudes com os fundos comunitários (Fundo Social Europeu) que, tal como outros processos, foram arquivados por prescrição, devido a desajustamentos legislativos.

Esta segunda fase, «em que os magistrados refluíram para o tradicional recato e até, em alguns casos, fobia da comunicação social», originou uma nova regulamentação dos procedimentos jornalísticos em julgamentos. A cobertura noticiosa do julgamento do caso "Moderna", por exemplo, ficou marcada pela proibição de recolha de sons e imagens dentro da sala (imagens apenas com a sala vazia), proibição de imagens de membros do tribunal, imagens do exterior a uma certa distância e com excepção de membros do tribunal, jornalistas relegados para o fundo da sala, por trás de uma barreira de vidro, com más condições de audição e visibilidade.

A terceira fase, a que marca a actualidade, corresponde ao aprofundamento da crise da justiça e é espelhada pelo caso "Casa Pia". Ainda para Rodrigues da Costa (2006), as características desta fase são: o discurso sobre a crise da justiça atinge os seus limites, falando-se de politização da justiça e de instrumentalização por forças obscuras; o processo "Casa Pia" é a expressão rematada da crise, a exigir transformações profundas a todos os níveis; há um desmoronamento da imagem reverencial dos magistrados; verifica-se a proeminência do Tribunal Constitucional, que ganha uma verdadeira aura na comunicação social, como o único que tem credibilidade no panorama deprimente da justiça portuguesa; inversão do discurso de "excesso de garantismo", protagonizado por certas entidades institucionais, para o de "carência de garantismo"; intensificação do olhar dos media sobre os tribunais, muito atentos a todo e qualquer pormenor que pareça denotar um índice da tão propalada crise; acentuação da crítica das decisões e actos judiciais; investimento dos media nas secções de especialidade dos tribunais; recursos a métodos de atropelamento de normas deontológicas, agravado por uma concorrência desenfreada.

O fenómeno da mediatização da justiça não é, por outro lado, um produto exclusivo de Portugal[7]. Por toda a Europa se verifica um aumento exponencial da cobertura mediática dos temas judicias em geral e, especialmente, dos temas criminais (Sergeant, 2003; Maillard *et al* 2004; Schlesing, 1994; Roberts *et al*, 2003). Também os Estados Unidos são disso um bom exemplo, como o comprovam os inúmeros estudos sobre esta realidade. Segundo um desses estudos, as notícias sobre justiça e crime são uma das cinco principais categorias de assuntos tratados pelos jornais americanos (Surette, 1998). Entre 22% a 28% das notícias publicadas são sobre tópicos de justiça. Relativamente à televisão, as notícias sobre crime representavam, no final da década de 90 do século XX, 10% a 13% do total (Surette, 1998:67).

1.3. Jornalismo e justiça: o confronto das duas identidades

Independentemente das múltiplas transformações que ocorreram em cada uma das instituições sociais que analisámos, é consensual que a liberdade de imprensa e a justiça são dois pilares fundamentais do Estado de Direito, devendo, por isso, interagir entre si, numa colaboração baseada no respeito e no reconhecimento das importantes funções sociais que desempenham. Mas, como já referimos, se a teoria é

---

[7] Sobre a presença do crime na imprensa portuguesa ver: Penedo, Cristina Carmona (2003), *O crime nos media. O que nos dizem as notícias quando nos falam de crime*, Lisboa, Livros Horizonte; Guibentif, Pierre (2002), *Comunicação Social e representações do crime*, Lisboa, Centro de Estudos Judiciários, Cadernos do CEJ, nº 20.

consensual, a prática mostra, cada vez mais, que esta colaboração pode ser difícil e controversa.

Um factor que potencia exponencialmente as dificuldades nessa relação é o envolvimento de figuras públicas – ou, com substância mediática – em processos penais. Com efeito, sempre que está em causa um processo judicial com muito potencial mediático aumenta a tensão entre os media e a justiça, surgindo frequentemente acusações de falta de cooperação de ambos os lados. O jornalismo é acusado de transformar a justiça num "circo mediático", de perturbar e interferir nos ritos processuais, afectando a serenidade e influenciando o comportamento dos intervenientes processuais. Os procedimentos e as decisões dos tribunais são avaliados pela sociedade em geral, acabando o julgamento dos processos, essencialmente os mediáticos, por ser também o julgamento da própria justiça pelo público (Brummett, 1990). A justiça, por sua vez, é acusada de travar a liberdade de imprensa, de actuar dentro de um sistema burocrático, secreto, fechado e lento, que contraria a tendência para que a justiça seja mais permeável ao escrutínio público (Costa, 2006; Dâmaso, 2004).

As opiniões dos profissionais de justiça sobre o papel dos media na facilitação deste escrutínio não é, no entanto, positiva. Uma das conclusões de um estudo exploratório sobre a convivência da justiça com a comunicação social, feito por João Luís Rocha (1999:59-60) a futuros magistrados e advogados, é que a comunicação social não transmite correctamente a realidade forense. Os fundamentos para esta percepção são enquadrados por três tipos de acusações: a comunicação social constrói uma realidade diferente da jurídica, há falta de formação jurídica dos jornalistas e há falta de informação dos tribunais para com a comunicação social.

As respostas mostram que os futuros magistrados e advogados consideram que a realidade construída pela comunicação social é diferente, incorrecta, deformada ou adulterada. Este enviesamento é justificado pela necessidade da comunicação social transmitir os aspectos «mais sensacionalistas, omitindo a globalidade» ou, noutra formulação, «dada a abordagem (da comunicação social) ser pouco técnica e

36   OS CRIMES DOS JORNALISTAS

primar por demasiada espectacularidade» imposta pelas «necessidades de concorrência». Quanto à questão da falta de formação, as respostas evidenciam que a falta de rigor da comunicação social «radica na ausência de "formação dos jornalistas", no "desconhecimento" ou "ignorância" que se repercutem em notícias pouco esclarecedoras e por vezes enganosas». Relativamente à falta de informação dos tribunais para com a comunicação social, as respostas evidenciam a falta de colaboração, «como o motor que está na base da incorrecta transmissão da realidade forense».

Mas mais do que uma relação conflitual, a relação entre justiça e media é, de acordo com Jacques Commaille e Antoine Garapon (*apud* Santos, 2002:155), uma relação de poder, feita de interesses materiais e mercantis ideológicos, institucionais, profissionais, de convicções e de valores. As conclusões do estudo sobre este tema, que realizaram em 1994, mostram que as funções sociais da justiça e dos media embora possam ser complementares, são susceptíveis de ser concorrentes, havendo uma instrumentalização recíproca da justiça e dos media: «Os media recorrem às fontes judiciárias por pretenderem assumir, aos olhos da sociedade, uma função de justiça que a justiça nunca conseguirá atingir de forma satisfatória. A justiça recorre aos media à procura das estratégias que ajudem a situar o exercício da função de justiça no quadro das relações de força, exigindo tomar o social como testemunha, solicitar o seu concurso para fora dos limites temporais, institucionais, simbólicos, fixados pelo procedimento, pela instrução, pelo processo e pela sala de audiência» (*Idem*).

1.3.1. As lógicas da acção mediática e judicial
Embora o jornalismo e a justiça tenham estatutos, objectivos, métodos e formas de funcionamento bastante diferenciadas, acabam por ter uma reciprocidade de funções, «pois os tribunais e os órgãos de comunicação social formulam, ainda que a diferente título, juízos de valor sobre os mesmos factos» (Rodrigues, 1999:43). Ou seja, a justiça e a comunicação social têm «interesses simultaneamente comuns e contraditórios, convergentes e divergentes» (Morgado *et al*, 2004:132), que acentuam a complexidade da relação.

A questão do tempo de acção é, sem dúvida, um dos principais pontos de colisão entre os dois sistemas. Com as novas tecnologias e a espectacularização da informação, onde os "directos" têm cada vez mais presença, a comunicação em tempo real do jornalismo choca com os tempos lentos, morosos e ritualizados de actuação da justiça. Como alerta Pierre Truche (*apud* Fernandes, 2002:15), «o tempo da justiça não é o tempo dos meios de comunicação», pois não é aceitável que «a imprensa espere pela fase pública de um processo para dar uma notícia e, por outro lado, qual é o meio de comunicação que pode dedicar a uma questão o tempo que a justiça lhe consagra?».

Partindo de uma análise sobre a verdade judiciária e a verdade noticiosa, Maria de Fátima Mata-Mouros faz uma comparação entre o fenómeno jornalístico e o fenómeno judiciário que evidencia estas diferenças de velocidades: «O primeiro opera no imediato, apresentando-se ao público no início como sendo a palavra final; o segundo reage na dilatação do tempo, publicando a sentença no termo do processo. A notícia surge no momento do facto, ou quando o facto granjeia o interesse dos media, sendo desconhecidos ou mesmos ocultos os critérios que estabelecem esse interesse, e cessa quando deixa de vender jornais ou contribuir para o aumento das audiências. A decisão judicial só pode surgir depois de percorrido todo o processo (incluindo as vias de recurso), e este, em matéria penal, é obrigatoriamente instaurado com a notícia do facto. A manchete alimenta-se de fontes que não têm de ser obrigatoriamente reveladas, a sentença faz-se de prova contraditoriamente estabelecida e criticamente analisada e só se afirma em definitivo depois de a todos os intervenientes ser dada a oportunidade de reagirem contra ela» (Mata-Mouros, 2007:28-29).

Mas é esta disparidade de tempos entre o instantâneo da notícia e a lentidão dos ritmos da justiça que agudiza os problemas, provocando frequentes violações do segredo de justiça (ver Capítulo III) e julgamentos feitos pela comunicação social.

As discrepâncias em termos de linguagem e discurso são outros dos pontos que acentuam a conflitualidade entre o sistema mediático e o sistema judicial. A comunicação social promove, cada vez mais, a simplicidade da linguagem e o discurso directo, «o mais universalizante

OS CRIMES DOS JORNALISTAS

na busca da maior audiência possível, com uma retórica que privilegia, sobretudo, a dramatização, a espectacularização, o entretenimento» (Oliveira, 1999:26). Uma linguagem que contrasta com a da justiça, pois esta continua a utilizar a linguagem técnica, formal, hermética que sempre a caracterizou, formalizando «um discurso que ninguém compreende, em alguns casos nem mesmo os juristas, quanto mais o público em geral ou os próprios jornalistas» (Mata-Mouros, 2007:84).

1.3.2. Os problemas práticos da mediatização da justiça

Um dos principais problemas apontados à comunicação social na questão da mediatização da justiça é que ela tenta substituir as funções do sistema judicial. Os media são acusados de quererem passar de um estádio de representação para um estádio de intervenção, acabando por vezes o processo mediático por substituir o processo judicial (Leblanc, 1998:61).

Na verdade, se é consensual que a comunicação social tem desempenhado um papel bastante importante para a consolidação da democracia, denunciando muitas situações de ilegalidade, também é verdade que muitas vezes a mesma comunicação social não presta um serviço credível e de qualidade, pondo mesmo em causa direitos fundamentais dos cidadãos, através de julgamentos paralelos[8], os *trials by media*, em que promovem ou estimulam verdadeiros julgamentos da opinião pública, e do desrespeito pela presunção de inocência.

Numa lógica sensacionalista, os media promovem uma justiça emocional sem contraditório, em que os suspeitos de um caso são rapidamente tratados como condenados, sem qualquer hipótese de defesa. Quer o processo "Casa Pia"[9], quer o processo "Maddie Mcann" retra-

---

[8] Souto Moura (2004:3) sublinha que a expressão "juízos paralelos" ou "julgamentos paralelos" não tem contornos uniformes, porque pode dizer respeito só à chamada investigação jornalística, ou abarcar tudo aquilo que no domínio do tratamento pela comunicação social dos casos de justiça, se traduz numa confusão de papeis ou de tarefas, em que os media desempenham uma função que deve ser só dos tribunais.

[9] Sobre o tratamento dado pela comunicação social ao Processo Casa Pia ver: Oliveira, Madalena (2007), «A Casa Pia e a imprensa: jornalistas em acto de contri-

tam objectivamente esta questão. Embora o primeiro caso ainda continue em julgamento e o segundo tenha sido arquivado, foram muitas as "condenações" feitas pelos media ao longo dos anos dos processos. No caso "Maddie", Robert Murat, o primeiro arguido no processo, suspeito do rapto da menina, devido a notícias que considerou difamatórias e ofensivas ao seu bom nome nos "julgamentos" feitos pelos media, intentou vários processos contra a comunicação social portuguesa e britânica, tendo já ganho avultadas indemnizações por parte dos media ingleses.

Embora com uma lógica diferente, com a ideia de inocentar e não culpabilizar, o "Caso Esmeralda" é também um bom exemplo para ilustrar a problemática dos julgamentos paralelos. No dia 16 de Janeiro de 2007, o Sargento Luís Gomes foi condenado pelo Tribunal Judicial de Torres Novas a seis anos de cadeia por um crime de sequestro da filha "adoptiva", negando-se este a entregá-la ao pai biológico. Devido à cobertura mediática feita a este caso, foi criada uma verdadeira manifestação pública de solidariedade para com o Sargento Luís Gomes, considerado uma vítima da justiça. A assinatura de uma petição de *habeas corpus* tomou proporções nacionais e mesmo internacionais (junto das comunidades portuguesas). Rapidamente foram representados o papel do bom (os pais adoptivos, que sempre cuidaram da criança) e o papel do mau (o pai biológico, que teria ignorado a filha).

No dia 19 do mesmo mês, «face à repercussão pública do caso e à forma não inteiramente verdadeira como o mesmo tem sido noticiado pela comunicação social», a Direcção Nacional da Associação Sindical dos Juízes Portugueses emitiu um comunicado, com esclarecimentos públicos sobre esta decisão do Tribunal Judicial de Torres Novas, em que era pedido que a comunicação social e as autoridades públicas soubessem distinguir, de uma forma responsável, a discussão dos aspectos jurídicos do caso e as suas envolventes humanas.

ção. A impiedade das críticas ou auto-regulação?», *in* Manuel Pinto, Helena Sousa (org.), *Casos em que o jornalismo foi notícia*, Colecção Comunicação e Sociedade, Campo das Letras, pp.125-148; Pina, Sara (2009), *Media e Leis Penais*, Coimbra, Edições Almedina, SA, pp.211-243.

40   OS CRIMES DOS JORNALISTAS

Depois da leitura do comunicado e do acórdão, independentemente da posição que se defenda, comprova-se que a comunicação social omitiu factos essenciais para a livre formação de opinião sobre o caso (omitiu, entre outro factos, que assim que teve conhecimento dos resultados do exame de paternidade, o pai perfilhou a menor, tinha ela então um ano de idade e logo nessa altura manifestou junto do Ministério Público o desejo de regular o exercício do poder paternal e de ficar com a filha à sua guarda e cuidado, tendo-a procurado junto da mãe, que lhe ocultou o paradeiro; omitiu que o pai contactou o arguido e a esposa de imediato para conhecer a filha e levá-la consigo, mas estes recusaram e nunca lhe permitiram sequer qualquer contacto com a menor). Mas, a realidade é que através da informação "vendida" pelos meios de comunicação social, a sociedade formou os seus juízos de valor, tomando, no seu julgamento, a posição de defesa do arguido, uma posição oposta à da justiça.

Embora a Constituição da República Portuguesa, o Estatuto do Jornalista e o Código Deontológico do Jornalista assegurem que deve sempre ser salvaguardada a presunção de inocência dos arguidos até a sentença transitar em julgado, os media desrespeitam frequentemente este princípio. Além das várias situações nos casos atrás descritos – "Casa Pia" e "Maddie" – em que o desrespeito por este princípio era quase diário, a título de exemplificação mais concreto, expomos o tratamento dado por vários jornais de referência à cobertura mediática, no ano de 2007, do julgamento do caso "António Costa", o ex-cabo da GNR de Santa Comba Dão, acusado do homicídio de três raparigas. Centramo-nos em dois títulos de duas notícias referentes a este caso: «'Serial killer' de Santa Comba Dão tenta desacreditar a acusação» (*Diário de Notícias*_28.01.07) e «Julgamento começa hoje na Figueira da Foz – Assassino em série de Santa Comba Dão: ex-cabo da GNR nega crimes e diz que foi coagido pela PJ a confessar» (04.06.07 – 09h10 *Público.pt*)[10]. Ao apelidar o arguido de «assassino em série»,

---

[10] No entanto, o livro de Estilo do jornal *Público* (2005:26) evidencia a importância desta questão, dedicando dez pontos aos «direitos dos acusados» dentro dos princípios e normas de conduta profissional, em que se pode ler que «o direito ao bom

parece-nos evidente que o jornalista está a sublinhar a sua culpabilidade e a desrespeitar o princípio da presunção de inocência, pois estava a decorrer o julgamento.

Dentro da lógica do sensacionalismo e da concorrência, através de processos de simplificação e estereotipização (Ericson *et al*, 1991: 269), os media apresentam uma visão, muitas vezes, desvirtuada da realidade judicial. Devido ao ênfase dado à dramatização e à forte carga emotiva, duas características mais próximas do entretenimento, no caso da televisão nem sempre é fácil discernir o que é informação e o que é ficção, pois as notícias e a ficção entram num acelerado processo de hibridização (Brown, 2003:53; James, 2003:48-51).

De acordo com Cunha Rodrigues (1999:51), os perigos da mediatização da justiça podem ser sintetizados em sete pontos:

1. o de, pelo "excesso" de informação, se transmitir uma dimensão totalizante dos factos, susceptível de estigmatizar grupos ou classes sociais, gerando sentimentos de indignação, por um lado, e de indignidade, por outro;
2. a "sofisticação do escândalo", pela amplificação desproporcionada dos factos, provocando fractura entre opinião pública e realidade;
3. a sobrepenalização dos arguidos, pelas formas de mediatização utilizadas, sobretudo quando não se chama a atenção para a garantia constitucional de que os arguidos devem considerar-se inocentes até ao trânsito em julgado da decisão;
4. a espectacularização da audiência, produzindo na comunidade sentimentos contraditórios de absolutização ou trivialização da justiça;
5. a banalização da violência ou dos *modus operandi*, com os conhecidos perigos de adesão ou mimetismo;

---

nome e à presunção de inocência até condenação em tribunal são escrupulosamente garantidas nas páginas do *Público*» e que «nenhuma notícia, título ou legenda deve confundir a suspeita com culpa».

OS CRIMES DOS JORNALISTAS

6. a conversão dos espectadores, ouvintes ou leitores em tribunal de opinião, com reflexos na produção de provas e nas expectativas de justiça;
7. o uso de linguagem nem sempre ajustada à racionalidade do discurso jurídico.

1.3.3. Justiça e media: a coabitação democrática

Apesar de todos os problemas que acabámos de referir, quer os tribunais, quer os media são pilares indispensáveis e indissociáveis a uma sociedade democrática, o que exige o estabelecimento de formas de coabitação e relacionamento eficaz. Os diversos actores das áreas do jornalismo e da justiça sabem que é fundamental a coexistência de um sistema de justiça credível e uma comunicação social isenta e rigorosa. E, por isso, também sabem que não podem continuar a agir como se esta conflituosidade entre os sistemas não existisse. É hoje consensual que, perante as acentuadas transformações na sociedade, é necessário reequacionar esta relação conflitual, que tem vindo a agudizar-se com efeitos nefastos para ambas as identidades.

Foi precisamente numa tentativa de amenizar a tensão entre os media e a justiça que, em 2003, vários órgãos de comunicação social subscreveram uma «Declaração de princípios e acordo de órgãos de comunicação social relativo à cobertura de processos judiciais». Este documento[11], que surgiu na sequência da cobertura mediática feita ao processo "Casa Pia", reforça a importância e premência no desenvolvimento da relação entre o sistema judicial e a comunicação social, no sentido de aperfeiçoar os conhecimentos dos jornalistas sobre o qua-

---

[11] Este documento, baseado na legislação e na "Recomendação do Comité de Ministros aos Estados-Membros quanto à informação veiculada através dos órgãos de comunicação social relativamente a processos penais", foi elaborado pela Alta Autoridade para a Comunicação Social (AACS). Foi apresentado em cerimónia pública a 27 de Novembro de 2003, tendo sido subscrito por diversos órgãos de comunicação social (*Correio da Manhã, Diário de Coimbra, Jornal de Notícias, NTV, O Primeiro de Janeiro, Rádio Comercial, Rádio Renascença, RDP, RTP, Semanário, SIC, SIC Notícias, Tal & Qual, TVI, Visão e 24 Horas*). Disponível em http://www.aacs.pt/autoregulacao.htm (acedido em Outubro de 2009).

dro legal-regulamentar e os procedimentos da justiça, bem como no sentido de esclarecer os agentes da justiça sobre as práticas e os desenvolvimentos dos media.

Além disso, ao longo dos últimos anos, a relação dos media com a justiça tem sido um tema com presença em vários seminários, *workshops*, cursos e congressos das duas áreas. No entanto, embora seja notória a preocupação e o esforço para atenuar este problema prático, a verdade é que os resultados são pouco evidentes. Há mais de 20 anos, no 2º Congresso dos Jornalistas Portugueses (realizado em 1986), a questão da complexa relação entre a imprensa e a justiça era já motivo de preocupação. Na sua intervenção, o jornalista José António Cerejo (1986:173) deixou algumas ideias/sugestões que poderiam melhorar esta relação, que ainda continuam actuais, mas que não foram postas em prática:

- Por que não pensar em propor/reivindicar que a lei obrigue os tribunais a divulgar, num determinado prazo de tempo após a emissão do despacho de pronúncia, um resumo das acusações referentes a todos os processos cujos réus sejam puníveis com penas superiores a um limite a determinar por via legal e, mais tarde, a data de início dos julgamentos?
- Por que não pensar em propor/reivindicar a criação de serviços de imprensa em todos os grandes tribunais?
- Por que não pensar em propor/reivindicar um quadro legal que defina detalhadamente as situações investigadas e as acções desenvolvidas que as polícias são obrigadas a tornar públicas através dos gabinetes de imprensa?
- Por que não pensar em propor/reivindicar que sejam clarificadas por via de lei as situações em que, nas suas relações profissionais com as polícias, os jornalistas têm o direito de exigir informação e as polícias obrigação de a dar?

Contrabalançando as críticas de que os jornalistas não percebem de leis, não são capazes de distinguir as fases de um processo, não sabem ler uma sentença, não respeitam o segredo de justiça nem a privacidade das pessoas, o jornalista Ribeiro Cardoso (2004) questiona: «são só os jornalistas que devem aprender os meandros insuportavelmente complexos da justiça? São apenas os profissionais da comunicação social (...) que, sem complexos e com humildade, devem aprender como relacionar-se com a justiça? E os advogados e magistrados não precisam de aprender nada? Já sabem tudo? Por exemplo, já sabem como relacionar-se com os media, e através deles com toda a população que servem ou devem servir? Conhecem o funcionamento dos media enquanto empresas e as regras do jogo dos jornalistas enquanto assalariados? Ou as condições concretas em que esses profissionais exercem o seu mister, independentemente dos seus deveres e direitos legal e eticamente consagrados? Quantos cursos intensivos e rápidos já foram feitos para magistrados e advogados entenderem o mundo da informação? Zero, meus caros amigos, zero».

Este rol de questões enfatiza a necessidade de mudança de atitude de ambas as instituições. O problema não pode ser visto apenas numa das perspectivas. Independentemente de todas as medidas que possam ser tomadas para diminuir a conflitualidade desta relação, só haverá resultados concretos e positivos se houver um conhecimento mútuo de ambas as realidades. Se são reconhecidas as diferenças profissionais que potencializam o conflito é necessário «partir do conhecimento destas diferenças para desenhar plataformas de cooperação entre tribunais e media» (Santos, 2002:156). Sem o verdadeiro conhecimento do *modus operandi* de cada um, é difícil haver respeito e compreensão pelas "regras do jogo" do outro.

Artur Rodrigues da Costa (2006:25-26) reforça precisamente esta necessidade de haver mudanças de comportamento de ambos os lados. Do lado da comunicação social, destaca a necessidade de um maior respeito pelas normas deontológicas por parte dos jornalistas, de um reforço da independência dos jornalistas em relação às empresas de comunicação social, da compreensão da especificidade e complexidade do fenómeno judiciário e da consciencialização dos direitos fundamentais dos cidadãos, em particular os que se prendem com os sujeitos processuais e de uma forma geral todos os intervenientes no processo. Relativamente aos tribunais, Costa considera que o sistema judicial tem «de habituar-se a conviver com os media, sob os holofotes da comunicação social», devendo os magistrados desenvolver uma relação desinibida e frontal com a comunicação social, adaptando o seu comportamento e linguagem, embora acautelando a não cedência a pressões e a um simplismo excessivo.

A criação de gabinetes de imprensa das magistraturas, particularmente junto de tribunais em que decorram casos com notoriedade pública, bem como a acreditação de jornalistas judiciários são duas das medidas mais defendidas para conseguir uma maior eficiência na relação dos media e a justiça (Cerejo, 1986; Serrano, 2006:58; Bastos, 2007; Santos, 2002; Oliveira, 1999; Fontes *et al*, 2005; Rodrigues, 1999, Morgado *et al*, 2004:58).

Apesar da necessidade de criação de gabinetes de imprensa nos tribunais ser há muito discutida e defendida pelos especialistas das duas áreas, até porque esta é uma prática já utilizada um pouco por toda a Europa, a verdade é que nenhum tribunal português tem gabinete de imprensa. No final do ano de 2007 foi notícia a intenção do Conselho Superior da Magistratura criar um gabinete de imprensa, para fazer a ligação entre todos os tribunais e os jornalistas. A notícia surgia devido à aproximação da entrada em vigor (1 de Janeiro de 2008) da nova lei orgânica do Conselho Superior da Magistratura[12], que prevê a criação de um gabinete de comunicação e relações institucionais[13].

---

[12] Lei nº 36/2007, de 14 de Agosto, que aprova o regime de organização e funcionamento do Conselho Superior da Magistratura.

[13] No início de 2009, esse gabinete ainda não existia. Contactado o Conselho Superior da Magistratura, percebemos que a ligação à comunicação social é sempre feita por uma juíza-secretária. Mantém-se a intenção de criação do gabinete de comunicação, que de acordo com a lei orgânica "integra obrigatoriamente dois elementos com formação e experiência na área da comunicação social", mas ainda sem data prevista, uma vez que têm dois anos para implementar a lei orgânica.

CAPÍTULO 2

ENQUADRAMENTO HISTÓRICO-JURÍDICO DOS CRIMES COMETIDOS ATRAVÉS DA IMPRENSA EM PORTUGAL: DE 1820 A 2009

Longe de ser um problema abstracto, a liberdade de informação é antes «um conceito historicamente variável com a sociedade, o poder político e os grupos sociais em confronto» (Crato, 1989:187).

Se na sociedade actual ninguém duvida do poder e influência dos media, a verdade é que, ao longo dos anos, este poder também nunca foi menosprezado. Houve sempre uma preocupação em identificar e destacar os limites à actuação da comunicação social.

É neste contexto que fazemos, de seguida, uma breve análise da forma como a principal legislação ligada à imprensa, de 1820 a 2009, tem vindo a retratar os crimes cometidos através da imprensa[14]. Iniciamos o nosso trajecto em 1820, dado que é a partir dessa década, altura em que foi publicada a primeira "verdadeira" Lei de Imprensa em Portugal, que a responsabilidade pelos abusos cometidos no exercício da liberdade de imprensa surge em todos os regimes jurídicos da comunicação social.

2.1. Os crimes cometidos através da imprensa: de 1820 até 1926

A Revolução Liberal de 1820 constitui um marco na história do direito da comunicação social portuguesa. Através da Carta de Lei publicada a 14 de Julho de 1821[15], considerada a primeira Lei de Imprensa digna

---

[14] "*Os Crimes de imprensa*" ou "*Os crimes cometidos através da imprensa*", denominação de acordo com o artigo 30º da Lei de Imprensa em vigor (Lei nº 2/99, de 13 de Janeiro), eram anteriormente chamados de "*crimes de abuso de liberdade de imprensa*". Excepto quando procedermos a citações da legislação, em que adoptaremos a designação então em vigor, utilizaremos preferencialmente a actual expressão, que reflecte a inexistência de um tipo específico de crimes.

[15] Texto integral *in* Dias, Augusto Dias (1966), *Discursos sobre a Liberdade de Imprensa. No primeiro parlamento português (1821) – Textos Integrais*, Portugália Editora, Lisboa.

desse nome em Portugal, foi abolida a censura e regulamentada a liberdade de imprensa.

Decretada pelas Cortes Gerais, Extraordinárias e Constituintes na Nação Portuguesa, esta Carta de Lei consagrou desde logo uma grande importância aos abusos de liberdade de imprensa e às penas correspondentes (arts. 8º a 21º). O artigo 8º destacava contra quem se podia abusar da liberdade de imprensa: em primeiro lugar, contra a religião católica romana[16], em segundo, contra o Estado[17], em terceiro contra os bons costumes[18] e em quarto, contra os particulares[19]. Em termos de penas[20], os abusos contra o Estado e a religião eram os que tinham penas mais pesadas, sendo condenados com penas de prisão e multa em dinheiro, enquanto que os abusos contra os bons costumes e particulares apenas com multa.

---

[16] *Artigo 10º: «Abusa-se da Liberdade de Imprensa contra a Religião: 1º quando se nega a verdade de todos, ou de algum dos Dogmas definidos pela igreja; 2º quando se estabelecem, ou defendem dogmas falsos; 3º quando se blasfema, ou zomba de Deus, dos seus Santos, ou do culto Religioso aprovado pela igreja».*

[17] *Artigo 12º: «Abusa-se da Liberdade de Imprensa contra o Estado: 1º excitando os povos directamente à rebelião; 2º provocando-os directamente a desobedecer às leis, ou às Autoridades constituídas; 3º atacando a forma do Governo Representativo, adoptado pela nação; 4º infamando, ou injuriando o Congresso Nacional, ou o Chefe do Poder Executivo».*

[18] *Artigo14º: «Abusa-se da Liberdade de Imprensa contra os bons costumes: 1º publicando Escritos, que ataquem directamente a Moral Cristã recebida pela Igreja universal; 2º publicando Escritos, ou estampas obscenas».*

[19] *Artigo 16º: «Abusa-se da Liberdade de Imprensa contra os Particulares: 1º imputando a alguma pessoa, ou corporação, qualquer facto criminoso que daria lugar a procedimento judicial contra ela; 2º imputando-lhe vícios ou defeitos, que a exporiam ao ódio, ou desprezo público; 3º insultando-a com termos de desprezo, ou ignonomía».*

[20] *Artigo 11º: «Quem abusar da Liberdade de Imprensa contra a Religião Católica em primeiro grau, será condenado em um ano de prisão, e cinquenta mil réis em dinheiro(...)»; Artigo 13º «Quem abusar da Liberdade de Imprensa contra o Estado em primeiro grau, será condenado em cinco anos de prisão, e seiscentos mil réis em dinheiro(...); Artigo 15º «Quem abusar da Liberdade de Imprensa contra os bons costumes em primeiro grau, será condenado em cinquenta mil réis (...)»; Artigo 17º «Quem abusar da liberdade de imprensa contra os particulares em primeiro grau, será condenado em cem mil réis(...)».*

Esta lei iniciou assim o chamado «sistema de lista» de infracções que constituíam abusos da liberdade de imprensa, que foi adoptado nas leis que se sucederam (Rocha, 1990:4).

Em termos de responsabilidade criminal eram considerados responsáveis pelos abusos de liberdade de imprensa o autor e o editor, respondendo o impressor deles quando não constasse quem era o seu autor ou editor e o livreiro ou publicador, «pelos abusos que se cometerem nos escritos que vender ou publicar, impressos em países estrangeiros, quando contiverem expressões ou estampas obscenas, ou libellos famosos» (artigo 7º).

A Constituição de 29 de Setembro de 1822, o primeiro texto constitucional português que consagra verdadeiramente a liberdade de imprensa, evidenciava, no artigo 7º, que «a livre comunicação do pensamento é um dos mais preciosos direitos do homem. Todo o português pode, conseguintemente, sem dependência de censura prévia, manifestar as suas opiniões em qualquer matéria, contanto que haja de responder pelo abuso desta liberdade nos casos e pela forma que a lei determinar».

Em 1834 foi publicada a Carta de Lei de 22 de Dezembro, que mantém o "sistema de lista" dos abusos de liberdade de imprensa (art. 14º), responsabilizando criminalmente «o autor, o editor ou publicador mas, em todos os casos nela previstos e quando nela se não declarasse o contrário, a responsabilidade do editor entendiase na falta do autor e a do publicador na falta de um e de outro (art. 18º)». Esta carta responsabilizava sempre «o impressor, lithografo ou gravador» pela impressão que não mostrasse a autorização do editor ou quando o autor tivesse sido pronunciado por abuso de liberdade de imprensa.

De especial relevo neste período afigura-se a publicação da Lei de 3 de Agosto de 1850, que ficou conhecida pela «Lei das rolhas», devido às fortes restrições à liberdade de imprensa. Vítima de fortes protestos, acabou por ser revogada em 1851. Quanto aos crimes de abuso de liberdade de imprensa, esta lei mantinha o sistema de lista das infracções, mas com penas mais severas do que na legislação anterior.

Esta lei alargou a responsabilidade criminal «aos vendedores, distribuidores ou a quem expusesse à venda, afixasse ou expusesse em lugar ou reunião pública, qualquer escrito ou impresso, estampa, desenho, pintura, medalha, ou emblemas condenados ou mandados recolher», tentando «substituir o sistema da responsabilidade sucessiva pelo da chamada responsabilidade concorrente» (Rocha: 1990:6).

Em 1866, a Carta de Lei de 17 de Maio, que aboliu todas as cauções e restrições à imprensa, apresentava, no seu artigo 5º, pela primeira vez o critério da repressão de imprensa pelo direito penal comum: «aos crimes de abuso na manifestação do pensamento são aplicáveis as penas respectivas estabelecidas no Código Penal», voltando a prevalecer o sistema da responsabilidade sucessiva.

Devido à forte propaganda republicana, a partir de 1890 foram introduzidas novas limitações à liberdade de imprensa.

Com a implantação da República verificou-se uma mudança profunda no panorama da imprensa em Portugal, numa tentativa de recuperar a liberdade[21]. O decreto de 10 de Outubro de 1910 revogou a lei repressiva de 11 de Abril 1907, «suspendendo-se todos os termos de quaisquer processos relativos à imprensa, enquanto não for publicado um novo decreto com força de lei protector da liberdade de imprensa» (artigo 3º).

A 28 de Outubro de 1910 entrou em vigor a Lei de Imprensa da 1ª República, sendo o único diploma referente à imprensa até 1926. O artigo 1º desta Lei de Imprensa sublinhava que o exercício do direito de expressão de pensamento é «livre, independente de caução, censura ou autorização prévia», sendo apresentada como única excepção, a «apreensão administrativa ou policial em casos taxativamente consagrados na lei». No entanto, é de referir que devido ao agravamento da situação política provocada pelas incursões monárquicas (1912) e pela participação de Portugal na 1ª Guerra Mundial (1916), o Governo acabou por aumentar os motivos pelos quais as

---

[21] Colectânea de legislação sobre este período *in* Carvalho, Alberto Arons de, Cardoso, António Monteiro, (1971), *Da liberdade de imprensa*, Editora Meridiano, Lisboa.

publicações podiam ser apreendidas e por instituir a censura prévia com carácter provisório.

Concretamente em relação aos abusos e à sua responsabilidade, o artigo 10º da Lei de Imprensa da 1ª República evidenciava que se consideravam abusos de liberdade de imprensa «unicamente os previstos nos artigos 137º, 159º, 160º, 181º, 182º, 407º, 410º, 411º, e parágrafo, 412º, 414º a 420º inclusive e 483º do Código Penal, quando cometidos pela imprensa, e também como tais são considerados os escritos publicados pela imprensa que contenham injúria, difamação ou ameaça contra o presidente do Governo Provisório ou da República no exercício das suas funções ou fora dele». O mesmo artigo sublinhava que os crimes previstos nos artigos 159º, 160º, 181º e 182º do citado código consistiam apenas na publicação de escrito em que houvesse injúria, difamação ou ameaça contra o Governo da República.

Ao analisar o Código Penal de 1886[22], verifica-se que nesta época os abusos de liberdade de imprensa se centravam na questão da difamação, injúria e ultraje à moral pública.[23]

---

[22] Ver Osório, Luís (1924), *Notas ao Código Penal Português*, vol.s III e IV, Coimbra Editora, Coimbra.

[23] *Artigo 407º do Código Penal: « Se alguém difamar outrem publicamente, de viva voz, por escrito ou desenho publicado ou por qualquer outro meio de publicação, imputando-lhe um fato ofensivo da sua honra e consideração, ou reproduzindo a imputação, será condenado a prisão correccional até quatro meses e multa até um mês».*

Artigo 410º do Código Penal: «O Crime de injúria, não se imputando fato algum determinado, se for cometido contra qualquer pessoa publicamente, por gestos, de viva voz, ou por desenho ou escrito publicado, ou por qualquer outro meio de publicação, será punido com prisão correccional até dois meses e multa até um mês. Na acusação por injúria não se admite prova sobre a verdade de fato algum, a que a injúria se possa referir».

Artigo 420º do Código Penal: «O ultraje à moral pública, cometido publicamente por palavras, será punido com prisão até três meses e multa até um mês. Se for cometido este crime por escrito ou desenho publicado, ou por outro qualquer meio de publicação, a pena será a de prisão até seis meses e multa até um mês».

Artigo 417º do Código Penal: «O crime de difamação ou de injúria, cometido contra uma pessoa já falecida, será punido, se acusar o ascendente ou descendente, ou cônjuge, ou irmão ou herdeiro desta pessoa».

Quanto à atribuição de responsabilidades, esta lei salientava no seu artigo 21º que, pelos abusos de liberdade de imprensa são criminal e sucessivamente responsáveis: «1º – o autor do escrito se for susceptível de responsabilidade e tiver domicílio em Portugal, salvo nos casos de reprodução não consentida; 2º – o editor se for susceptível de responsabilidade e domiciliado em Portugal, se não indicar o autor, e indicando-o, se este se não achar nas condições que lhe respeitam; 3º – o proprietário se, não se verificando quanto ao autor e editor o disposto nos anteriores números, se verificar, todavia, com relação a ele; 4º – o dono do estabelecimento que tiver feito a impressão do escrito, ou na sua falta, quem o representar, quando não se verificarem as condições acima exigidas para o autor, editor e proprietário». O artigo 23º excluía desta responsabilidade os tipógrafos, impressores, distribuidores ordinários e vendedores.

2.2. Os crimes cometidos através da imprensa: de 1926 a 1974

O período de 1926 a 1974, em Portugal, é marcado pela inexistência de liberdade de imprensa. O golpe militar liderado pelo Marechal Gomes da Costa, a 28 de Maio de 1926, derrubou o Governo Republicano de António Maria da Silva. Com o início da ditadura fascista, a liberdade de imprensa foi bloqueada, prevalecendo desde logo o cenário da censura prévia, embora sem qualquer enquadramento legal.

É de ressalvar a contradição com a legislação, já que a primeira Lei de Imprensa da Ditadura Militar (Decreto nº 11 839, de 5 de Julho de 1926) não previa quaisquer medidas restritivas à liberdade de imprensa (a censura só foi legalmente consagrada pelo Decreto nº 22 469, de 11 de Abril de 1933). Pelo contrário, o Decreto nº 11 839 «adoptava formalmente os princípios da liberdade de imprensa vigentes na República, deposta pelo movimento de 28 de Maio» (Costa, 1986:196).

Pouco depois foi aprovado o Decreto nº 12 008, de 29 de Julho de 1926, que quase não introduziu alterações em relação ao anterior decreto. De mais relevante, apenas se introduziu a possibilidade de supressão de qualquer periódico que fosse condenado três vezes por crime de difamação.

Este decreto considerava abusos de liberdade de imprensa «unicamente os artigos 137º, 159º, 160º, 181º, 407º, 410º, 411º e parágrafo, 412º, 414º, 420º e 483º do Código Penal, nos artigos 3º e 4º do Decreto de 1910, nas leis de 9 e 12 de Julho de 1912 e no Decreto nº 2270, de 12 de Março de 1916, quando cometidos pela imprensa» (artigo 11º).

Quanto à responsabilidade criminal dos abusos de liberdade de imprensa, o artigo 19º apontava que eram responsáveis criminal e sucessivamente: em primeiro lugar o autor do escrito, «se for susceptível de responsabilidade e residir em Portugal, salvo nos casos de reprodução não consentida, nos quais responderá quem a tiver feito»; em segundo lugar, o editor, «se não indicar quem é o autor ou se este não for susceptível de responsabilidade». O director do jornal também era punido como cúmplice, mas podia livrar-se dessa responsabilidade «declarando nos autos e no periódico que não conhecia o escrito ou o desenho antes de publicado e que não daria publicidade se o tivesse conhecido». O mesmo artigo reforçava ainda que «para os efeitos da responsabilidade criminal o director do periódico é presuntivamente o autor de todos os escritos não assinados e responderá como autor do crime, se não se exonerar da sua responsabilidade».

O artigo 20º ilibava os tipógrafos, impressores, distribuidores ordinários e vendedores desta responsabilidade, salvo nos casos em que conheciam o conteúdo da publicação.

Em Setembro de 1968, com a substituição no Governo de António de Oliveira Salazar por Marcelo Caetano, apresentavam-se algumas mudanças para os meios de comunicação social, no sentido de uma «evolução liberalizante». Em 1969, numa entrevista ao jornal brasileiro *Estado de S. Paulo*, Marcelo Caetano falava já da sua intenção de publicar uma nova lei: «Desejaria, na verdade, publicar em breve uma lei de imprensa. Mas os trabalhos preparatórios que começaram depois de tomar posse, estão ainda demorados. Não esqueçam que vivemos 42 anos no regime de censura prévia. Nem jornalistas nem empresas editoriais, nem Governo nem público estão preparados para um regime de responsabilidade perante os tribunais (...) essa lei tem de ser muito ponderada para não se abrir, com a sua vigência, um período de conflito geral da imprensa com as autoridades e com os

OS CRIMES DOS JORNALISTAS

particulares e para não termos depois de voltar atrás» (*apud* Carvalho, 1999:139-140).

Neste contexto, o Governo submeteu, em Dezembro de 1970, uma proposta de Lei de Imprensa à Assembleia Nacional. O ano de 1971 acabaria por ficar marcado pelas discussões em torno da nova Lei de Imprensa, quer da proposta do Governo, quer do projecto de lei apresentado pelos deputados Sá Carneiro e Pinto Balsemão (da ala liberal da Assembleia Nacional).

Embora as duas propostas[24] tivessem merecido a aprovação da Câmara Corporativa, o seu parecer evidenciava já a "preferência" pela proposta de lei apresentada pelo Governo: «Considera-se, contudo, conveniente a apresentação de um anteprojecto, em que sejam ponderadas todas as sugestões úteis dos dois textos a que, na generalidade, se deu aprovação (...) o contraprojecto da Câmara toma, no entanto, muito da estrutura da proposta de lei, pois esta, para além de completa, tem uma sistematização que permite adequado tratamento das matérias» (*apud* Carvalho, 1999:72).

Numa análise às duas propostas apresentadas à Assembleia Nacional, José Magalhães Godinho (1971:11-12) teceu duras críticas à proposta governamental, avaliando-a como «muito mais restritiva e rigorosa» do que a lei de imprensa contida no Decreto nº 12 008 de 29 de Julho de 1926, do início da ditadura militar. Considerava que esta proposta tinha «um apertado colete» dentro do qual era difícil mover--se a liberdade de expressão, porque embora eliminasse a censura oficial, criava uma série de censuras prévias. Defendia que o projecto de lei dos deputados Sá Carneiro e Pinto Balsemão era «muito mais aceitável, muito mais em conforme com o respeito pelo princípio fundamental da liberdade de expressão do pensamento».

A Lei de Imprensa acabou por ser publicada só em 1972, com a publicação do Decreto-Lei nº 150/72, de 5 de Maio.

---

[24] Texto integral das duas propostas *in* Godinho, José Magalhães (1971), *Lei de Imprensa (crítica ao projecto e proposta apresentados à Assembleia Nacional e respectivos textos)*, Lisboa.

Estes crimes passaram a denominar-se crimes de imprensa, consumados com a publicação de texto ou imagem que contenha expressões injuriosas ou difamatórias (crimes de injúria, difamação ou ameaça dirigidos contra o chefe de Estado português ou contra chefe de Estado estrangeiro, contra membros do Conselho de Estado ou ministros, secretários e subsecretários de Estado ou ainda contra qualquer diplomata estrangeiro acreditado em Portugal).

Quanto à responsabilidade criminal, o artigo 107º frisava a responsabilidade dos respectivos autores, a menos que a publicação não tivesse sido consentida por estes, caso em que respondia quem a tivesse promovido. Se fosse publicado texto ou imagem não assinado, ou assinado com pseudónimo ou nome suposto, respondiam como autores os directores dos periódicos, ou os seus substitutos, e, quando o periódico tivesse secções distintas, os redactores especialmente responsáveis e os editores da imprensa não periódica, caso o nome do autor não fosse indicado no prazo que lhes foi marcado ou essa indicação não fosse exacta; os proprietários de publicações também podiam responder por estas infracções.

Os tipógrafos e impressores só respondiam criminalmente se se tivessem apercebido da natureza criminosa da publicação; essa responsabilidade era excluída se tivessem actuado em consequência de ordens recebidas da entidade directamente responsável.

Tendo em conta o regime de censura prévia e de fortes restrições à liberdade de imprensa que se vivia, Rodrigues da Costa (1986:197) sublinha que a maioria dos casos considerados de infracções políticas através da imprensa eram os casos das publicações unitárias em que a censura não tinha controle prévio. Nos casos de crimes contra a honra das pessoas, cometidos através da imprensa periódica, «a censura deixava passar as mais grosseiras injúrias ou difamações contra certos cidadãos, porque estes não pertenciam à categoria dos protegidos do regime, ao passo que os autores daquelas tinham a garantia da protecção dos poderes estabelecidos».

Em 1973 é de relevância a publicação da «Lei sobre Intimidade Privada» – Lei nº 3/73, de 5 de Abril – que definia a punição de prisão até um ano e multa correspondente para aquele que «sem justa causa e com o propósito de devassar a intimidade da vida privada de outrem: a) intercepte, escute, registe, utilize, transmita ou divulgue, sem consentimento de quem nela participe, qualquer conversa ou comunicação particular; b) capte, registe ou divulgue a imagem de pessoas ou de seus bens, sem o consentimento delas; c) observe às ocultas, as pessoas que se encontrem em lugar privado».

2.3. Os crimes cometidos através da imprensa: após a revolução de 1974

A revolução de 1974 representou a viragem do rumo da comunicação social portuguesa, direccionando-a para um caminho de consagração da liberdade de imprensa. O Programa do Movimento das Forças Armadas (MFA) enaltecia a liberdade de expressão e determinava a abolição da censura e exame prévio.

A 26 de Fevereiro de 1975 foi aprovada a Lei de Imprensa (Decreto-Lei nº 85-C/75), que consagrou a liberdade de expressão de pensamento pela imprensa e o direito à informação, e pôs termo ao regime de controlo da imprensa. No preâmbulo desta Lei de Imprensa, que apesar de ter tido diversas alterações se manteve em vigor até 1999, pode-se ler que esta «cria o quadro institucional que integrará os jornalistas portugueses, empenhados numa acção responsável, que possa contribuir para a solução dos problemas nacionais, em que ocupam lugar de relevo a defesa das liberdades públicas e a prática da democracia».

Esta lei considerava crimes de abuso de liberdade de imprensa «os actos ou comportamentos lesivos de interesse jurídico penalmente protegido que se consumam pela publicação de textos ou imagens através da imprensa» (artigo 25º). É também referido que a estes crimes é aplicável a legislação penal comum, com as seguintes especialidades:

a) Se o agente do crime não houver sofrido anteriormente condenação alguma por crime de imprensa, a pena de prisão poderá ser, em qualquer caso, substituída por multa não inferior a 50 000$00;

b) O tribunal aplicará a penalidade prevista na disposição incriminadora, agravada em medida não inferior a um terço do seu limite máximo, quando se trate de pena variável, ou simplesmente agravada, nos outros casos.

Quanto à responsabilidade criminal (artigo 26º) pelos crimes de abuso de liberdade de imprensa, é feita uma distinção entre as publicações unitárias e as publicações periódicas. Nas publicações unitárias são criminalmente responsáveis, sucessivamente: a) o autor do escrito ou imagem, se for susceptível de responsabilidade e residir em Portugal, salvo nos casos de reprodução não consentida, nos quais responderá quem a tiver promovido; b) o editor, se não for possível determinar quem é o autor ou se este não for susceptível de responsabilidade.

Nas publicações periódicas são criminalmente responsáveis, sucessivamente: a) o autor do escrito ou imagem, se for susceptível de responsabilidade, salvo nos casos de reprodução não consentida, nos quais responderá quem a tiver promovido, e o director do periódico ou seu substituto legal, como cúmplice, se não provar que não conhecia o escrito ou imagem publicados ou que não lhe foi possível impedir a publicação; b) o director do periódico ou seu substituto legal, no caso de escritos ou imagens não assinados ou de o autor não ser susceptível de responsabilidade, se não se exonerar da responsabilidade na forma prevista na alínea anterior; c) o responsável pela inserção, no caso de escritos ou imagens não assinados publicados sem conhecimento do director ou seu substituto legal ou quando a estes não foi possível impedir a publicação.

Esta lei indica ainda que «para os efeitos de responsabilidade criminal, o director do periódico presume-se autor de todos os escritos não assinados e responderá como autor do crime, se não se exonerar da sua responsabilidade, pela forma prevista no número anterior». Os técnicos, distribuidores e vendedores são ilibados de responsabilidade, «excepto no caso de publicações clandestinas apreendidas ou suspensas judicialmente, se se aperceberem do carácter criminoso do seu acto».

Com a Constituição de Maio de 1976, a liberdade de expressão e informação e a liberdade de imprensa foram definitivamente consagradas.

Em 1979 foi aprovado o Estatuto do Jornalista (Lei nº 62/79, de 20 de Setembro), que garante aos jornalistas profissionais e equiparados o exercício dos direitos e impõe-lhes o cumprimentos dos deveres inerentes à sua actividade profissional. No artigo 11º, este Estatuto definia como deveres fundamentais, «respeitar escrupulosamente o rigor e a objectividade da informação», «respeitar a orientação e os objectivos definidos no estatuto editorial do órgão de comunicação social para que trabalhe, bem como a ética profissional, e não abusar da boa fé dos leitores, encobrindo ou deturpando a informação», e «respeitar os limites ao exercício da liberdade de imprensa nos termos da Constituição e da lei».

Este Estatuto previa já a criação de um código deontológico para definir os deveres deontológicos do jornalista.

Neste período, os tribunais registaram um aumento exponencial de processos relativos a delitos de imprensa, onde, na maioria dos casos, eram visadas instituições revolucionárias e democráticas. No entanto, na opinião de Rodrigues da Costa (1986:202), os tribunais não actuaram de forma «a criar uma verdadeira jurisprudência morigeradora da imprensa», que estabelecesse os limites entre o que é uma crítica permitida e o ataque com o propósito de ofender. Uma situação justificada, por um lado, pelo facto de os próprios tribunais também estarem inseridos «de forma perplexa na primeira experiência de liberdade, após 50 anos de ditadura, em que não existia uma verdadeira independência do poder judicial». Por outro lado, pelo facto de os autores dos crimes de abuso de imprensa procurarem dar um cariz político aos julgamentos, transformando-os «em campo de batalha política, apresentando-se como os perseguidores do regime».

Numa avaliação sobre a actuação dos tribunais portugueses neste período, Rodrigues da Costa (1986:202-205) destaca três características: actuação lenta no julgamento dos crimes de abuso de liberdade de imprensa, absolvições sistemáticas e fuga aos julgamentos.

A actuação lenta no julgamento dos crimes de abuso de liberdade de imprensa fazia com se perdesse toda a eficácia na sua acção, «quer repressiva, quer moralizadora», porque como os julgamentos ocorriam muito tempo depois de praticado o ilícito, o assunto já tinha sido devastadoramente comentado pela opinião pública e os ofendidos já estavam desinteressados quanto ao resultado, servindo o julgamento

ENQUADRAMENTO HISTÓRICO-JURÍDICO DOS CRIMES COMETIDOS ATRAVÉS DA IMPRENSA

tardiamente realizado apenas para reavivar a própria ofensa. Neste contexto, o Governo fez uma alteração à Lei de Imprensa, em 1976, no sentido de simplificar os termos do processo e de conferir um carácter urgente ao julgamento dos crimes de abuso de liberdade de imprensa (Decreto-Lei nº 181/76, de 9 de Março).

Outra das características da actuação dos tribunais eram as absolvições sistemáticas, «mesmo em casos escandalosos de injúria, de ataque desbragado à honra de certas pessoas que ocupam lugares públicos», como é paradigmático o caso do Presidente da República Ramalho Eanes, que era «profusamente denegrido em alguns órgãos da imprensa escrita».

A fuga aos julgamentos era feita através de vários expedientes técnicos, como, por exemplo, considerar como crimes políticos injúrias cometidas através da imprensa, para incluir esses crimes em diversos diplomas legislativos que tinham amnistiado crimes de natureza política.

2.4.Os crimes cometidos através da imprensa na actualidade

A actual Lei de Imprensa – Lei nº 2/99, de 13 de Janeiro[25] – estabelece que a liberdade de imprensa tem «como únicos limites os que decorrem da Constituição e da lei, de forma a salvaguardar o rigor e a objectividade da informação, a garantir os direitos ao bom nome, à reserva da intimidade da vida privada, à imagem e à palavra dos cidadãos e a defender o interesse público e a ordem democrática».

A Constituição da República Portuguesa, embora proclame a liberdade de expressão e informação sem impedimentos nem discriminações, de forma que o seu exercício não possa ser impedido por qualquer tipo ou forma de censura, evidencia que as «infracções cometidas no exercício destes direitos ficam submetidas aos princípios gerais de

---

[25] Publicada em 13 de Janeiro de 1999, a Lei de Imprensa foi objecto de uma Declaração de Rectificação (nº 9/99) da Assembleia da República, publicada no "Diário da República" (I Série-A, nº 53, de 4 de Março de 1999) e de uma alteração introduzida pela Lei nº 18/2003, de 11 de Junho.

direito criminal, sendo a sua apreciação da competência dos tribunais judiciais» (artigo 37º).

Deste modo, a Lei de Imprensa, hoje em vigor, sublinha que «a publicação de textos e imagens através da imprensa que ofenda bens jurídicos penalmente protegidos é punida nos termos gerais, sem prejuízo do disposto na presente lei, sendo a sua apreciação da competência dos tribunais judiciais» (artigo 30º, nº 1). Sempre que a lei não cominar agravação diversa, «os crimes cometidos através da imprensa são punidos com as penas previstas na respectiva norma incriminatória, elevadas de um terço nos seus limites mínimo e máximo» (artigo 30º, nº 2).

Relativamente à autoria destes crimes, o artigo 31º evidencia que «cabe a quem tiver criado o texto ou a imagem, cuja publicação constitua ofensa dos bens jurídicos protegidos pelas disposições incriminadoras» – isto no caso de publicações consentidas; quando tal não acontece, é autor do crime quem a tiver promovido.

O nº 3 deste artigo reforça que «o director ou director-adjunto, o subdirector ou quem concretamente os substitua, assim como o editor, no caso de publicações não periódicas, que não se oponha, através da acção adequada, à comissão de crime através da imprensa, podendo fazê-lo, é punido com as penas cominadas nos correspondentes tipos legais, reduzidas de um terço nos seus limites». Deste modo, o director ou quem o substitua só responde, a título de culpa, quando não cumprir o dever de exercer o devido controlo sobre o conteúdo do periódico.

Na anterior lei, o ónus da prova cabia ao director, ou seja, era este que tinha que provar que não conhecia o escrito ou que não lhe foi possível impedir a publicação. Agora o ónus passou para a acusação, tendo esta que provar que não houve oposição do director à publicação e que essa oposição era possível porque ele tinha conhecimento do artigo.

Monteiro Cardoso (1999:44) é da opinião que a principal novidade desta Lei de Imprensa diz respeito precisamente à responsabilização pelos textos ou imagens de autor desconhecido, «questão em relação à qual se mantinha o sistema da responsabilidade sucessiva, com os problemas inerentes da constitucionalidade».

Agora, o director nunca é punido como autor do escrito, mesmo nos casos em que este seja desconhecido. Nesses casos de desconhecimento do autor, a actual Lei de Imprensa prevê que o Ministério Público ordene a notificação do director para, no prazo de cinco dias, declarar no inquérito qual a identidade do autor do escrito ou imagem (artigo 39º, nº 1).

Se o director não responder, «incorre no crime de desobediência qualificada e, se declarar falsamente desconhecer a identidade ou indicar como autor do escrito ou imagem quem se provar que o não foi, incorre nas penas previstas no nº 1 do artigo 360º do Código Penal, sem prejuízo de procedimento por denúncia caluniosa» (artigo 39º, nº 2). Neste contexto, Monteiro Cardoso (1999:44) ressalva que embora se possa considerar esta situação «injusta ou inadequada», deve-se ter em conta que ela substitui um sistema mais severo em que o director respondia como autor do escrito não assinado.

Quando estão em causa «declarações correctamente reproduzidas, prestadas por pessoas devidamente identificadas», a lei sublinha que «só estas podem ser responsabilizadas, a menos que o seu teor constitua instigação à prática de um crime»; o mesmo acontece com os artigos de opinião (artigo 31º, nº 4, nº 5).

Esta Lei de Imprensa frisa também que não têm qualquer responsabilidade criminal «todos aqueles que, no exercício da sua profissão, tiveram intervenção meramente técnica, subordinada ou rotineira no processo de elaboração ou difusão da publicação contendo o escrito ou imagem controvertidos» (artigo 31º, nº 6).

Com a aprovação desta Lei de Imprensa verificou-se a alteração do regime sancionatório dos crimes cometidos através da imprensa, abolindo-se o anterior sistema da responsabilidade sucessiva[26], por este ter suscitado problemas complexos de constitucionalidade, quer quanto à incriminação do director como cúmplice, quer como substituto do autor. O sistema era acusado de conduzir à admissão da res-

---

[26] Sobre o modelo de responsabilidade sucessiva ver Rocha, Manuel António Lopes (1984), *Sobre o modelo da responsabilidade sucessiva nos crimes de Imprensa: alguns problemas*, Coimbra-separata do Bol.da Fac.de Direito de Coimbra.

ponsabilidade sem culpa, bem como a presunções de culpabilidade em contradição com a Constituição.

Deste modo, a nova Lei de Imprensa afasta qualquer hipótese de responsabilização objectiva, «conformando-se inteiramente com os princípios constitucionais fundamentais em matéria penal», mas em contrapartida, «aumenta o risco de impunidade, que o anterior sistema de responsabilidade sucessiva limitava», pois a intimação do director para identificar o autor do escrito ou imagem poderá ter pouca eficácia (Carvalho *et al*, 2003:211).

O novo Estatuto do Jornalista[27], em vigor desde Novembro de 2007, importou para o quadro legal a fiscalização das regras éticas e deontológicas que regem a profissão de jornalista.

Com a entrada em vigor deste nova lei, a Comissão da Carteira Profissional de Jornalista (CCPJ) ganha novos poderes[28]. Assim, de acordo com artigo 18º-A, nº 3 do Estatuto do Jornalista, compete à CCPJ atribuir, renovar, suspender ou cassar os títulos de acreditação dos profissionais de informação da comunicação social, bem como apreciar, julgar e sancionar a violação dos deveres dos jornalistas enunciados no nº 2 do artigo 14º (ver anexo 1).

Agora, sempre que da prática da actividade de jornalismo resulte a violação de normas de natureza deontológica, é reconhecida à CCPJ a possibilidade de instaurar um inquérito ou processo disciplinar. Neste contexto, foi publicado a 17 de Setembro de 2008, em Diário da República[29], o Estatuto Disciplinar dos Jornalistas, aprovado pela CCPJ, que define as infracções disciplinares e os trâmites processuais.

---

[27] Publicada em 13 de Janeiro de 1999, a lei fundamental para o exercício da profissão de jornalista, foi alterada pela Lei nº 64/2007, de 6 de Novembro, com rectificações feitas pela Declaração de Rectificação nº 114/2007, da Assembleia da República.

[28] De acordo com Regulamento da Carteira Profissional de Jornalista (Decreto-Lei nº 305/97, de 11 de Novembro) à Comissão da Carteira Profissional do Jornalista apenas competia emitir, renovar, suspender e cassar a carteira profissional do jornalista e os demais títulos de acreditação dos profissionais de informação dos meios de comunicação social.

[29] DR, 2ªSérie-Nº 180-17 de Setembro de 2008/ Aviso nº 23504/2008.

De acordo com este Estatuto, constituem infracções profissionais as violações dos deveres dos jornalistas. As penas para estas infracções, que dependem da gravidade, da culpa e dos antecedentes disciplinares do agente, são: a advertência registada, a repreensão escrita e a suspensão do exercício da actividade profissional até doze meses. A pena de suspensão do exercício da actividade só pode ser aplicada quando o agente, nos três anos precedentes, tenha sido sancionado pelo menos duas vezes com a pena de repreensão escrita, ou uma vez com idêntica pena de suspensão.

Nos termos do actual Código Penal, os crimes que podem ser cometidos através da comunicação social, agrupam-se em 10 categorias:

- **Crimes contra a honra**: difamação (artigo 180º), injúria (artigo 181º), ofensa à memória de pessoa falecida (artigo 185º), ofensa a organismo, serviço ou pessoa colectiva (artigo 187º).

- **Crimes contra a reserva da vida privada**: violação de domicílio ou perturbação da vida privada (artigo 190º), introdução em lugar vedado ao público (artigo 191º), devassa da vida privada (artigo 192º), devassa por meio informático (artigo 193º), violação de correspondência ou de telecomunicações (artigo 194º), violação de segredo (artigo 195º).

- **Crimes contra outros bens jurídicos pessoais**: gravações e fotografias ilícitas (artigo 199º).

- **Crimes contra a realização da justiça**: violação de segredo de justiça (artigo 371º).

- **Crimes contra a identidade cultural e integridade pessoal**: discriminação racial, religiosa ou sexual (artigo 240º).

- **Crimes contra a vida em sociedade**: ultraje por motivo de crença religiosa (artigo 251º).

- **Crimes contra a paz pública:** instigação pública a um crime (artigo 297º), apologia pública de um crime (artigo 298º).

- **Crimes contra a segurança do Estado:** violação de segredo de Estado (artigo 316º).

- **Crimes contra Estados estrangeiros e organizações internacionais**: crimes contra pessoa que goze de protecção internacional (artigo 322º), ultraje de símbolos estrangeiros (artigo 323º).

- **Crimes contra a realização do Estado de direito**: incitamento à guerra civil ou à alteração violenta do Estado de direito (artigo 326º), ofensa à honra do Presidente da República (artigo 328º), incitamento à desobediência colectiva (artigo 330º), ultraje de símbolos nacionais e regionais (artigo 332º).

CAPÍTULO 3

OS JORNALISTAS NO BANCO DOS RÉUS

A liberdade de expressão, tal como qualquer outro direito fundamental, não é um valor absoluto, tem vários limites legais à sua actuação. É a percepção de não cumprimento destes limites que está na origem da instauração de processos judiciais contra os media.

Neste capítulo fazemos uma breve comparação da actuação dos tribunais portugueses e do Tribunal Europeu dos Direitos do Homem (TEDH) em relação a esses processos judiciais, resultantes de conflitos entre o direito de liberdade de imprensa e de informação e outros direitos de personalidade.

Tendo em conta que a maioria destes processos é de natureza criminal, fazemos também uma apresentação do quadro jurídico dos principais tipos de crime de que os jornalistas portugueses são acusados. Embora se faça uma identificação de todos os crimes passíveis de serem cometidos através da imprensa, apenas são desenvolvidos aqueles que têm uma maior presença no quotidiano jornalístico: difamação, ofensa à memória de pessoa falecida, ofensa a organismo, serviço ou pessoa colectiva, devassa da vida privada, gravações e fotografias ilícitas e violação de segredo de justiça.

3.1. Liberdade de imprensa versus outros direitos fundamentais

Na sociedade actual acontecem, com frequência, casos de conflito entre o direito de informação e outros direitos pessoais, como o direito ao bom nome e reputação, à imagem e à reserva da vida familiar. Trata-se, no entanto, de valores que são constitucionalmente protegidos. Por um lado, a Constituição da República Portuguesa consagra nos artigos 25º e 26º os direitos de personalidade, nomeadamente os direitos à integridade pessoal, moral e física, à identidade pessoal, à capacidade civil, ao bom nome e reputação, à imagem, à reserva da intimidade da vida privada e familiar, à liberdade e segurança. Por outro lado, nos seus artigos 37º e 38º consagra o direito de liberdade de expressão e informação, o qual integra três níveis, o direito «de informar», o direito «de se informar» e o direito «de ser informado». Tal como qualquer outro direito fundamental, a liberdade de expressão não é um valor absoluto: tem vários limites, que se traduzem na convivência com outros direitos das pessoas, assim como com outros valores comunitários.

Partindo do princípio, unanimemente aceite, de que não existe qualquer precedência ou hierarquia entre estes direitos, como resolver as situações de conflito entre eles? De acordo com a jurisprudência, a resolução destes conflitos deve ser feita através de um princípio de harmonização ou concordância prática. Nestes casos, a primazia de um dos direitos terá de resultar de uma equilibrada ponderação e avaliação de cada caso concreto, não podendo implicar a afectação do conteúdo essencial de nenhum dos direitos. Ou seja, o princípio da concordância prática aplica-se através de um critério de proporcionalidade na distribuição dos custos do conflito. Como sustenta Vieira de Andrade (2004:326), exige-se que «o sacrifício de cada um dos valores constitucionais seja adequado e necessário à salvaguarda dos outros» e impõe-se que a escolha entre as diversas maneiras de resolver o caso «se faça em termos de comprimir o menos possível cada um dos valores em causa segundo o seu peso na situação».

3.2. As diferenças entre a jurisprudência portuguesa e a do Tribunal Europeu dos Direitos do Homem

É hoje já consensual que a jurisprudência do Tribunal Europeu dos Direitos do Homem (TEDH) é mais liberal e mais sensível ao valor da liberdade de expressão do que a jurisprudência portuguesa.[30] Euclides

---

[30] Como o comprovam algumas sentenças:

– «...o conflito entre o direito de liberdade de imprensa e de informação e o direito de personalidade – de igual hierarquia constitucional – é resolvido, em regra, por via da prevalência do último em relação ao primeiro» (Acórdão do Supremo Tribunal de Justiça de 8/03/2007).

– «Não é juridicamente aceitável que, em nome das liberdades de imprensa, de expressão, de opinião e de informação, se ofenda, injustificada e imerecidamente, a honra e a consideração de outra pessoa, mesmo que no âmbito do direito de participação na vida política e relativamente a assuntos de interesse

Dâmaso Simões (2008:106) considera mesmo que se tratam de duas visões antagónicas: contrariamente às jurisdições nacionais que estão «mais comprometidas com a defesa dos valores da honra e da reputação pessoal, o Tribunal de Estrasburgo tem feito pender a balança no sentido do predomínio da liberdade de expressão, limitando drasticamente as hipóteses de ingerência que o nº 2 do art.10º[31] da Convenção Europeia dos Direitos do Homem consagra[32]».

Uma ideia também corroborada por Francisco Teixeira da Mota (2009:117), que sublinha que «enquanto pelo TEDH a aproximação às questões que constituem ingerências na liberdade de expressão é feita tendo em conta o seu carácter excepcional e a importância estrutural e estruturante dessa mesma liberdade numa sociedade democrática, do lado das instâncias nacionais há uma clara tendência para a liberdade de expressão ser relegada para um lugar secundário face a um direito ao bom nome sobrevalorizado ou ser mesmo totalmente ignorada».

---

público, como são os relativos à questão autárquica» (Acórdão do Tribunal da Relação do Porto de 21/03/2007).

– «Estando em confronto dois direitos de igual hierarquia constitucional – o direito à honra e o direito à liberdade de expressão – a colisão de ambos conduz, em princípio, à necessidade de compressão do segundo» (Acórdão do Tribunal da Relação de Coimbra de 18/4/2001).

[31] O artigo 10º da Convenção Europeia dos Direitos do Homem assegura que qualquer pessoa tem direito à liberdade de expressão, que «compreende a liberdade de opinião e a liberdade de receber ou de transmitir informações ou ideias sem que possa haver ingerência de quaisquer autoridades públicas e sem considerações de fronteiras». O nº 2 deste artigo sublinha que «o exercício destas liberdades, porquanto implica deveres e responsabilidades, pode ser submetido a certas formalidades, condições, restrições ou sanções, previstas pela lei, que constituam providências necessárias, numa sociedade democrática, para a segurança nacional, a integridade territorial ou a segurança pública, a defesa da ordem e a prevenção do crime, a protecção da saúde ou da moral, a protecção da honra ou dos direitos de outrem, para impedir a divulgação de informações confidenciais, ou para garantir a autoridade e a imparcialidade do Poder Judicial».

[32] Para um maior aprofundamento ver: Resende, Raquel (2005), *A liberdade de imprensa na Convenção Europeia dos Direitos do Homem*, Separata da obra "Estudos de Direito Europeu e Internacional dos Direitos Humanos", Coimbra, Almedina.

OS CRIMES DOS JORNALISTAS

A jurisprudência do TEDH relativamente ao artigo 10º da Convenção[33] frisa o princípio fundamental de que a liberdade de expressão constitui um dos fundamentos essenciais de uma sociedade democrática e uma das condições primordiais do seu progresso e realização de cada um. E que esta liberdade de expressão, sem prejuízo do nº 2, é válida não apenas para as informações ou ideias acolhidas favoravelmente ou consideradas como inofensivas ou indiferentes, mas também para as que ferem, chocam ou causam inquietação, como exigência do pluralismo, da tolerância e do espírito de abertura sem os quais não há sociedade democrática.

De acordo com a doutrina do TEDH, as restrições e excepções a que o exercício desta liberdade está sujeita devem ser estritamente interpretadas e a sua necessidade estabelecida de forma convincente (sentenças: Janowski c. Polónia; Nilsen et Johnsen c. Noruega). Para isso, o Tribunal deve examinar se a ingerência correspondia a uma «necessidade social imperiosa», se era proporcionada à finalidade legitima prosseguida e se as razões aduzidas pelas autoridades nacionais para a justificar são pertinentes e suficientes (sentença *Sunday Times* c. Reino Unido).

De 2000 a 2009, o TEDH condenou[34] oito vezes o Estado português por violação da liberdade de expressão. Descrevemos, de seguida, alguns dos casos em questão:

---

[33] Os vários acórdãos relativos ao artigo 10º da Convenção estão disponíveis na base de dados (HUDOC) do TEDH: http://cmiskp.echr.coe.int/

Análise de algumas sentenças do TEDH in Rocha, Manuel António Lopes (1999), «A liberdade de expressão como direito do Homem (Princípios e limites), sub júdice, 15/16, pp.7-22. Sobre a doutrina do TEDH relativa à liberdade de expressão ver: Mota, Francisco *Teixeira da (2009), O Tribunal Europeu dos Direitos do Homem e a liberdade de expressão –os casos portugueses*, Coimbra Editora; Segado, Francisco Fernandez (1990), «La libertad de expresión en la doctrina del tribunal europeo de derechos humanos», Revista de estudios políticos 70 (Nueva Epoca), Centro de Estudios Constitucionales pp.93-124.

[34] Acórdãos com tradução portuguesa disponíveis no Gabinete de Documentação e Direito Comparado, que funciona na dependência da Procuradoria-Geral da

- Caso Vicente Jorge Silva, acórdão de 28-9-2000[35]

O caso de Vicente Jorge Silva, ex-director do jornal *Público*, foi o primeiro caso de condenação do Estado português num processo de violação da liberdade de expressão. O caso teve início a 10 de Junho de 1993 com a publicação de um editorial onde Vicente Jorge Silva criticava a escolha de Silva Resende para candidato à Câmara Municipal de Lisboa. Aí se lia que «nem nas arcas mais arqueológicas e bafientas do salazarismo seria possível desencantar um candidato ideologicamente mais grotesco e boçal, uma mistura tão inacreditável de reaccionarismo alarve, sacristanismo fascista e anti-semitismo ordinário».

Na sequência do editorial, Silva Resende apresentou uma queixa-crime contra Vicente Jorge Silva, acusando-o do crime de difamação cometido através da imprensa. O Tribunal Criminal de Lisboa, a 15 de Maio de 1995, absolveu Vicente Jorge Silva, considerando que as expressões utilizadas podiam decerto passar por insultos, mas que ele não agiu com *animus diffamandi vel injuriandi*. Para o tribunal, as aludidas expressões deviam ser interpretadas como uma crítica do pensamento político de Silva Resende e não da sua reputação ou do seu comportamento.

Contrariamente, o Tribunal da Relação de Lisboa considerou que expressões tais como «grotesco», «boçal» e «alarve» eram insultos que ultrapassavam os limites da liberdade de expressão e que não podiam ser entendidas como referindo-se exclusivamente ao pensamento político de Silva Resende, mas também à pessoa deste. Vicente Jorge Silva foi condenado na pena de multa de 150.000 escudos, acrescida da indemnização de 250.000 escudos, bem como no pagamento das custas judiciais no valor de 80.000 escudos. Foi interposto recurso para o Tribunal Constitucional, mas a 5 de Fevereiro de 1997, este tribunal negou provimento.

República: http://www.gddc.pt/direitos-humanos/portugal-dh/acordaos-tedh.html (acedido em Outubro de 2009).

[35] Comentários a este caso por Eduardo Maia Costa na Revista do Ministério Público, nº 84, Outubro-Dezembro de 2000, pp.179-191; e por Faria Costa, na *Revista Portuguesa de Ciência Criminal*, ano 11, nº 1 (Janeiro-Março 2001), pp.131-155.

OS CRIMES DOS JORNALISTAS

O caso foi para o TEDH e a 28 de Setembro de 2000, este tribunal condenava o Estado português por violação do artigo 10º da Convenção, devendo pagar a Vicente Jorge Silva 480.000 escudos por prejuízos materiais e 1.758.297 escudos por custas e despesas.

Embora admitisse que as expressões utilizadas podiam ser polémicas, o TEDH considerou que não continham um ataque pessoal gratuito, porque o autor dava uma explicação objectiva. Além disso, frisou que «a invectiva política extravasa, por vezes, para o plano pessoal: são estes os riscos do jogo político e do debate livre de ideias, garantes de uma sociedade democrática». Neste sentido, para o TEDH, a condenação do jornalista não representava assim um meio razoavelmente proporcionado à prossecução do fim legítimo visado, tendo em conta o interesse da sociedade democrática em assegurar e manter a liberdade de imprensa.

- Caso Urbino Rodrigues, acórdão de 29-11-2005

A sentença do Tribunal Europeu dos Direitos do Homem de 29 de Novembro de 2005 condenou o Estado português por violação da liberdade de expressão no caso de César Urbino, director do jornal de Bragança *A Voz do Nordeste*, que tinha sido condenado por difamação pela justiça portuguesa.

O caso teve início em 1999, com um artigo de opinião publicado pelo director do jornal regional *A Voz do Nordeste* sobre a nomeação de um responsável local do Partido Socialista para um cargo de coordenador da área da educação. Em consequência deste artigo, o director adjunto do jornal *Mensageiro de Bragança*, Inocêncio Pereira, publicou um artigo intitulado «Mais uma mentira pegada de *A Voz do Nordeste*», que originou um novo artigo do jornal *A Voz do Nordeste*, «Respondendo ao Mensageiro de Bragança: a propósito de uma nomeação».

Neste artigo, César Urbino defendia que qualquer cidadão pode comentar a actividade dos políticos e que nem métodos «típicos de mafiosos» o fariam calar. Para além disso, o texto alegava que Inocêncio Pereira tinha «omitido deliberadamente» algumas das suas considerações do primeiro artigo.

Na sequência da publicação deste último artigo, Inocêncio Pereira instaurou um processo de difamação contra César Urbino, tendo sido condenado pelo Tribunal de Bragança pela prática do crime de difamação, com o pagamento de uma multa de 180.000 escudos ou, alternativamente, a 120 dias de prisão, bem como na quantia de 200.000 escudos, a título de indemnização.

César Urbino recorreu para o Tribunal da Relação do Porto, mas este tribunal negou provimento ao recurso e confirmou a decisão do Tribunal de Bragança.

Diferente foi a posição defendida pelo TEDH, que concluiu que «a condenação do jornalista não representava um meio razoavelmente proporcional ao prosseguimento do fim legítimo visado, tendo em conta o interesse da sociedade democrática em assegurar e manter a liberdade da imprensa, motivo pelo qual se verifica a existência de violação do artigo 10º da Convenção». Neste sentido, o Estado português foi condenado ao pagamento de 1.900 euros por danos materiais.

- CASO JOSÉ MANUEL MESTRE, ACÓRDÃO DE 26-4-2007

O Acórdão do Tribunal Europeu dos Direitos do Homem de 26 de Abril de 2007[36] veio dar razão a José Manuel Mestre, jornalista da televisão *SIC*, que tinha sido condenado por difamação, por ter afirmado que Pinto da Costa, presidente do Futebol Clube do Porto (FCP), e na altura presidente da Liga de Clubes, era o «patrão dos árbitros». O acórdão determinou que o Estado português fosse obrigado a pagar 2.100 euros ao jornalista e 680 euros à *SIC* por danos causados.

Em causa está uma entrevista feita em 1996 ao então secretário--geral da UEFA, em que José Manuel Mestre questionou Gerhard Aigner sobre como era possível que o presidente da Liga de Clubes que, ao mesmo tempo era presidente de um clube, se sentasse no banco de suplentes, à frente do árbitro, de quem era, «por inerência», patrão.

O Tribunal Criminal do Porto condenou José Manuel Mestre ao pagamento de uma multa de 260.000 escudos ou, em alternativa, a 86

---

[36] Processo nº 11319/03.

dias de prisão e ao pagamento, juntamente com a *SIC*, de uma indemnização de 800.000 escudos a Pinto da Costa.

Em 2002, o Tribunal da Relação do Porto[37] confirmou a decisão recorrida, considerando o jornalista da televisão *SIC* culpado do crime de difamação e de abuso da liberdade de imprensa, pois ao realizar a entrevista daquela forma, «fê-lo consciente de que colocava em causa a honra e consideração» de Pinto da Costa.

Se a lei portuguesa considerou que houve ofensa do bom nome de Pinto da Costa, o TEDH decidiu que o «assunto da corrupção no futebol é do interesse geral», sublinhando ainda que o presidente do FCP é uma pessoa muito conhecida do público e que «a entrevista não retratou factos da vida privada, mas unicamente das suas actividades públicas».

- Caso Eduardo Dâmaso, acórdão de 24-4-2008

A 3 de Maio de 2004 iniciou-se o julgamento de três jornalistas do *Público*, no Tribunal de Esposende, por violação do segredo de justiça: Eduardo Dâmaso, Francisco Fonseca e Luís Miguel Viana, que na altura dos factos trabalhava no jornal *24 horas*. Em causa esteve a divulgação pelo Jornal *Público* e *24 Horas*, em 1998, de uma acusação do Ministério Público, por fraude fiscal e burla qualificada, contra vários accionistas da empresa XPZ-Transformação de Madeiras de Esposende, entre os quais Nuno Delerue, ex-deputado e ex-vice-presidente do grupo parlamentar do PSD. O processo relacionava-se com facturas falsas e um subsídio do Programa Específico de Desenvolvimento da Indústria Portuguesa (PEDIP).

No dia 25 de Maio de 2004, o Tribunal de Esposende condenou o jornalista Eduardo Dâmaso por um crime de violação do segredo de justiça, com uma pena de 70 dias de multa à taxa diária de 25 euros. No entanto, absolveu os dois outros jornalistas, Francisco Fonseca e Luís Miguel Viana. É de realçar que a investigação judicial a Nuno Delerue

---

[37] Processo nº 15 /2002.

resultou de uma investigação jornalística publicada pelo jornal *Público* em 1995, que dava conta de um alegado crime de fraude fiscal.

De acordo com a sentença «em local e circunstâncias não apuradas, e através de pessoa ou pessoas que não foi possível identificar, mas que se encontravam obrigadas a segredo de justiça, os arguidos tomaram conhecimento de que fora proferida acusação» e o arguido Eduardo Dâmaso «teve ainda acesso ao teor de tal peça processual, uma vez que o seu segundo artigo publicado no jornal *Público* contém partes integrantes da sobredita acusação».

A juíza do Tribunal de Esposende reforçou que o problema não estava na mera referência na notícia à existência de uma acusação, porque só é punido por lei a revelação do teor da mesma e «apenas o segundo artigo publicado no jornal faz referência a factos que não estão nas notícias publicadas em 1995 e que foram, pelo próprio teor, retiradas da acusação deduzida». Deste modo, a magistrada considera que a sentença não questiona o direito de informar, já que «não está em causa não noticiar, mas apenas aguardar pela fase pública do processo».

Pode ainda ler-se na sentença que: «recusando-se os arguidos a informar como tiveram conhecimento que havia sido deduzida acusação e o 1º como teve conhecimento do teor desta (atentos os elementos fiscais da acusação), o Tribunal apenas pode dar como provados os factos da forma em que os mesmos constam. Certo é que, considerando a fase processual em que os autos se encontravam, o conhecimento dos factos da acusação e que esta havia sido deduzida só poderia advir de quem estava vinculado pelo segredo de justiça e, como tal, de forma ilegítima».

O jornalista Eduardo Dâmaso recorreu, mas o Tribunal da Relação de Guimarães, a 25 de Janeiro de 2005, negou o provimento ao recurso, mantendo-se a condenação por violação do segredo de justiça[38].

---

[38] Acórdão disponível em: http://www.dgsi.pt/jtrg.nsf/c3fb530030ea1c61802568 d9005cd5bb/a41eae51909ebf6780256faa005411f8?OpenDocument (acedido em Outubro de 2009).

O jornalista apresentou uma queixa ao Tribunal Europeu dos Direitos do Homem, que deliberou que houve violação da liberdade de expressão pelas instâncias judiciais portuguesas, condenando o Estado português ao pagamento ao jornalista dos 1750 euros de multa e 7500 euros de indemnização. O acórdão proferido pelo TEDH, a 24 de Abril de 2008, evidencia que os artigos em questão não prejudicaram a investigação, não puseram em causa a presunção de inocência e enquadravam-se na questão do "interesse público".

3.3. Crimes contra a honra

3.3.1. Difamação

O crime de difamação é aquele que maior conflitualidade tem com a liberdade de imprensa, o que justifica que seja este o tipo de processo judicial que mais vezes é instaurado aos jornalistas.

Comete crime de difamação, de acordo com o Código Penal, quem, «dirigindo-se a terceiro, imputar a outra pessoa, mesmo sob a forma de suspeita, um facto, ou formular sobre ela um juízo, ofensivos da sua honra ou consideração, ou reproduzir uma tal imputação ou juízo» (artigo 180º). A Constituição da República Portuguesa consagra (artigo 26º) que «a todos são reconhecidos os direitos à identidade pessoal, ao desenvolvimento da personalidade, à capacidade civil, à cidadania, ao bom nome e reputação». Também o Código Civil protege «os indivíduos contra qualquer ofensa ilícita ou ameaça de ofensa à sua personalidade física ou moral».

No ordenamento jurídico-penal português tem prevalecido uma concepção alargada do conceito de honra, que abarca a consideração e a reputação exteriores. As fragilidades da concepção fáctica e da concepção normativa de honra fazem com que «a doutrina dominante tempere a concepção normativa com uma concepção fáctica (concepção dual): a honra é vista assim como um bem jurídico complexo que inclui quer o valor pessoal ou interior de cada indivíduo, radicado na sua dignidade, quer a própria reputação ou consideração exterior» (Faria Costa, 1999:607).

A justificação da conduta: o interesse legítimo e a prova da verdade dos factos

A lei excepciona uma situação em que a conduta de imputação ou reprodução de factos não é punível. Esse caso acontece quando «a imputação for feita para realizar interesses legítimos[39]» e «o agente provar a verdade da mesma imputação ou tiver fundamento sério para, em boa fé, a reputar verdadeira» (artigo 180º, nº 2 do CP), exigindo-se que se verifiquem cumulativamente os dois requisitos.

Além destes dois requisitos, a jurisprudência evidencia que a aplicação do fundamento justificador do exercício da liberdade de imprensa exige também que o meio utilizado pelo agente seja adequado ao interesse que se visa atingir, devendo, por isso, a notícia ser dada «de forma contida, adequada e idónea» (Ribeiro, 2001:95).

Esta justificação de excepção, evidenciada no nº 2 do artigo 180º, não se aplica quando a difamação diz respeito a formulação de juízos ofensivos sem imputação de factos. Nessas situações, o jornalista pode invocar o direito à liberdade de expressão e de informação, que envolve também o direito de opinião ou direito à crítica, pois sendo o exercício de um direito corresponde à causa geral de justificação prevista no art. 31º, nº 2, al. b) do Código Penal.

A invocação do interesse legítimo por parte do jornalista, embora seja um conceito que possa acarretar alguma subjectividade, é balizado pela própria função pública da imprensa, de formação democrática e pluralista da opinião pública. É consensual que a questão do interesse legítimo não é tida em consideração em campos de sensacionalismo ou entretenimento.

O interesse legítimo, no quadro do direito de informar, deve assumir-se como um interesse público, o que não significa que «o interesse seja equivalente ao interesse nacional, nem ao simples interesse do público, nem que decorra, por força, do facto de as pessoas visadas

---

[39] De ressalvar que até à revisão do Código Penal de 1982, a conduta não era punível na «realização de interesse público legítimo ou por qualquer outra justa causa».

76 OS CRIMES DOS JORNALISTAS

pertencerem à chamada vida pública, ou da natureza pública do facto narrado» (Faria Costa, 1999:617).

Além da realização de interesses legítimos, a justificação jurídico--penal da imputação de factos ofensivos à honra depende ainda do agente provar a verdade da mesma imputação ou tiver fundamento sério para, em boa fé, a reputar verdadeira[40].

É precisamente este ponto da legislação que fundamenta o facto de serem absolvidos jornalistas que publicaram factos que acabaram por se comprovar como sendo falsos. Faria da Costa (1999:622-623) considera que o legislador português ao admitir a possibilidade de justificação mesmo em situações em que não se logre fazer a prova da verdade, mas o agente tenha fundamentos sérios para reputar como verdadeiros, está a prestar uma «forte homenagem à imprensa, na medida em que o risco inerente ao desempenho dessa actividade pode justificar lesões à honra levadas a cabo por imputações de factos falsos». Não tem dúvidas de que exigir que o jornalista, para publicar uma notícia, tivesse um grau de certeza equiparável ao necessário para proferir uma condenação, seria «inviabilizar de todo, mas de todo, o direito de informação».

Embora não seja exigida uma comprovação com as exigências científicas, históricas ou judiciárias (Figueiredo Dias, 1983:171, Faria Costa, 1999:622), esta boa fé é excluída quando o agente não tiver cumprido o dever de informação que as circunstâncias do caso impunham sobre a verdade da imputação (artigo 180º, nº 4 do CP). Ou seja, esta "boa fé" dos jornalistas não é uma questão subjectiva, que o jornalista possa alegar de ânimo leve. Pelo contrário, o jornalista terá que provar, de

---

[40] A prova da verdade dos factos não esteve sempre prevista nos crimes de difamação e injúria. É curioso verificar que o Código Penal de 1852, no seu artigo 408º, apenas admitia a prova sobre a verdade dos factos imputados em dois casos específicos: a prova da verdade de factos imputados a empregados públicos e cometidos no exercício de funções; e a prova de facto criminoso, feita com base em sentença condenatória. O Código Penal de 1982 é que, pela primeira vez, admitiu a prova da verdade em relação à imputação de factos desonrosos desde que feita na prossecução de um interesse público legítimo. O Código Penal de 1995 generaliza a *exceptio veritatis* a qualquer interesse legítimo, limitando a prova da verdade à reserva da intimidade da vida privada.

forma objectiva, a sua convicção em relação à veracidade da notícia e, acima de tudo, o cumprimento das regras deontológicas do jornalismo: que utilizou meios legais para obter informações e que os factos foram relatados com rigor e exactidão, interpretados com honestidade e comprovados, ouvindo as partes com interesses no caso, permitindo ao investigado apresentar a sua versão dos factos.

Marinho Pinto (1999:78) sistematiza quatro elementos fundamentais que a densificação da cláusula da boa fé exige:

- os factos inverídicos têm de ser verosímeis, isto é, têm de ser portadores de uma evidente aparência de veracidade susceptível de provocar a adesão de um homem normal e não só do próprio informador;
- o informador terá de demonstrar que procedeu a uma averiguação séria dos factos segundo as regras e os cuidados que as concretas circunstâncias do caso razoavelmente exigiam, provando se necessário que a fonte era idónea ou que chegou a confrontar as informações com várias fontes;
- o informador terá também de demonstrar que agiu com moderação nos seus propósitos, ou seja, que se conteve dentro dos limites da necessidade de informar e dos fins ético-sociais do direito de informar e que evitou o sensacionalismo ou os pormenores mais ofensivos ou com pouco valor informativo;
- o informador deverá demonstrar a ausência de animosidade pessoal em relação ao ofendido a fim de que a informação inverídica não possa considerar-se um ataque pessoal sob a capa do direito de informar.

Partindo do pressuposto que grande parte dos conflitos entre o direito à liberdade de expressão e outros direitos consagrados na Constituição se referem a titulares de cargos públicos em posições de liderança e outras figuras públicas, Jónatas Machado (2002:808-809), baseando na jurisprudência americana[41], sugere que deveria caber ao

---

[41] Caso "New York Times V. Sullivan".

lesado e não ao arguido a prova da *exceptio veritatis* e da existência de um interesse legítimo. A garantia da liberdade de imprensa fá-lo questionar se não deveria haver «uma presunção da verdade dos factos noticiados, em matéria de relevante interesse público, remetendo-se para qualquer sujeito que interponha uma acção contra um órgão de comunicação social o ónus de provar a falsidade da mensagem que o ofendeu». Neste contexto, para poder ganhar um processo de difamação, «um titular de cargo político teria de provar, não apenas a falsidade das imputações, mas também o conhecimento da mesma pelo jornalista ou, para um entendimento menos restritivo, a negligência grosseira deste na averiguação».

Embora não seja uma posição doutrinal consensual, Jónatas Machado (2002:810) defende que «a incerteza que rodeia a prova e os custos de uma defesa perante um litigante poderoso e persistente acabam por penalizar excessivamente a disseminação de verdades socialmente relevantes, de acordo com a máxima *"if in doubt, strike it out"*, desencorajando um jornalismo de investigação orientado para a inferência e determinação de factos a partir da colecção de evidências meramente circunstanciais».

Excepção da imputação de facto relativo à vida privada

A lei excepciona a prova da verdade dos factos, mesmo tratando-se de um interesse legítimo, quando se trata de factos relativos à vida privada. Ou seja, a prova da verdade dos factos não é admitida quando se trata da imputação de facto relativo à intimidade da vida privada e familiar (artigo 180º, nº 3, do CP) [42], a menos que o facto tenha sido praticado no «exercício de um direito», no «cumprimento de um dever imposto por lei ou por ordem legítima da autoridade» ou com «o consentimento do titular do interesse jurídico lesado» (alíneas b), c) e d) do nº 2 do artigo 31º do CP).

---

[42] Sobre a polémica da introdução deste artigo na reforma do processo penal, ver Costa Andrade (2001), «Código Penal e Liberdade de Imprensa (Sobre as controvérsias e as polémicas da Reforma)», Revista Jurídica da Universidade Portucalense Infante D. Henrique, Porto, nº 7, pp.29 a 35.

Esta excepção da prova da verdade dos factos não ser admitida em questões relativas à intimidade da vida privada e familiar foi introduzida na reforma do Código Penal de 1995, tendo nessa altura sido alvo de fortes críticas por parte dos meios de comunicação social, substanciadas na ideia de que este preceito «visaria impor uma barreira penal ao jornalismo de investigação em áreas como a corrupção, o tráfico de influências, o desperdício de dinheiros públicos ou o seu aproveitamento indevido, etc.» (Andrade, 2001:30).

De salientar que até à reforma do Código Penal de 1998, o artigo 180º continha um nº 5, que em caso de imputação de um facto criminoso limitava a prova da verdade à condenação (da pessoa difamada) transitada em julgado, de forma a garantir o direito à presunção da inocência, que prevalecia sempre sobre o direito de informar. Este artigo, que foi durante anos alvo de fortes críticas, acabou por ser suprimido, pois «gerava situações de manifesta injustiça lesivas do direito de informar, sobretudo quando os jornalistas publicavam notícias verdadeiras, sustentadas por meio de prova, que não podiam utilizar no processo por difamação» (Carvalho *et al*, 2003:198).

Agravação da pena

O crime de difamação pode ter penas agravadas – elevadas de um terço nos seus limites mínimo e máximo (artigo 183º, nº 1 b), do CP) – se a ofensa for praticada através de meios ou circunstâncias que facilitem a sua divulgação; ou tratando-se da imputação de factos, se se averiguar que o agente conhecia a falsidade da imputação.

Se a ofensa for praticada através de meio de comunicação social, o agente é punido com pena de prisão até dois anos ou com multa não inferior a 120 dias (artigo 183º, nº 2, do CP).

E se a vítima for membro de um órgão de soberania ou ocupar qualquer dos cargos previstos na alínea j) do nº 2 do artigo 132º do CP, as penas são elevadas de metade nos seus limites mínimo e máximo (artigo 184º do CP). Os cargos em causa são: membro de órgão de soberania, do Conselho de Estado, ministro da República, magistrado, membro de órgão próprio das Regiões Autónomas, provedor de justiça, governador civil, membro de órgão das autarquias locais ou de serviço ou organismo que exerça autoridade pública, comandante de força pública, jurado, testemunha, advogado, agente das forças de segurança, funcionário público, civil ou militar, agente de força pública ou cidadão encarregado de serviço público, docente ou examinador ou ministro de culto religioso e tiver sido ofendida, no exercício das suas funções ou por causa dela.

Dispensa da pena

Segundo o artigo 186º do Código Penal, o tribunal pode dispensar a pena do agente que comete estes crimes, «quando este der em juízo esclarecimentos ou explicações da ofensa de que foi acusado, se o ofendido, quem o represente ou integre a sua vontade como titular do direito de queixa ou de acusação particular, os aceitar como satisfatórios»; «se a ofensa tiver sido provocada por uma conduta ilícita ou repreensível do ofendido» e finalmente, se «o ofendido ripostar, no mesmo acto, com uma ofensa a outra ofensa, o tribunal pode dispensar de pena ambos os agentes ou só um deles, conforme as circunstâncias».

As diferenças entre a difamação e a injúria

Tal como a difamação (com o sentido de tirar a boa fama, atacar a honra ou a reputação, desonrar, desacreditar), a injúria (com o sentido de afronta, ultraje, agravo, ofensa) também imputa a outra pessoa um facto ou factos ofensivos da sua honra ou consideração. Comete crime de injúria «quem injuriar outra pessoa, imputando-lhe factos, mesmo sob a forma de suspeita, ou dirigindo-lhe palavras, ofensivos da sua honra ou consideração».

Apesar de protegerem os mesmos princípios, os crimes de difamação e injúria apresentam algumas diferenças, onde se destaca, desde logo, o carácter directo ou indirecto da imputação. Enquanto que a difamação é perpetuada através de terceiros, a injúria é feita perante a própria vítima. Neste sentido, é perceptível que os atentados contra a honra feitos através da comunicação social se englobem globalmente nos crimes de difamação e não nos de injúria. No entanto, o crime de injúria também pode acontecer, se o ofendido estiver, por exemplo, a participar num programa de rádio ou de televisão.

Outra das diferenças prende-se com as penas atribuídas. Enquanto a difamação é punida com pena de prisão até seis meses ou com pena de multa até 240 dias, a injúria é punida com pena de prisão até três meses ou com pena de multa até 120 dias, ou seja, metade do que é aplicável ao crime de difamação.

Alguma Jurisprudência polémica

Caso Sporting Clube de Portugal / Jornal *Público*

O jornal *Público* noticiou, em Fevereiro de 2001, que o Sporting tinha em dívida à administração fiscal 2,3 milhões de euros relativos a impostos, que deveriam ter sido pagos antes de 1996. A 4 de Abril de 2001, o Sporting, com o fundamento de que a notícia de que era devedor ao fisco era falsa, avançou com um pedido de indemnização cível de 500 mil euros, contra o *Público*, o director deste jornal, José Manuel Fernandes, e os jornalistas João Ramos de Almeida, José Mateus e António Arnaldo Mesquita. A sentença do julgamento, proferida no dia 15 de Abril de 2005, absolveu o *Público* e os jornalistas. Na sentença é afirmado que os réus «cumpriram com o dever de informação» ao publicarem a notícia. O Sporting recorreu para o Tribunal da Relação de Lisboa, que negou provimento, confirmando a decisão da primeira instância.

No entanto, o clube recorreu para o Supremo Tribunal de Justiça, que contrariou as duas decisões judiciais anteriores, acusando os jornalistas de agirem «na emissão da notícia em causa de modo censurável» do ponto de vista ético-jurídico. O Acórdão do Supremo Tribunal de Justiça de 8 de Março de 2007[43], que condenou o Jornal *Público* a pagar uma indemnização de 75 mil euros ao Sporting por ter noticiado que o clube tinha dívidas fiscais, gerou uma forte polémica junto de diversos quadrantes da sociedade, mas essencialmente junto da classe jornalística.

---

[43] Disponível em: http://www.dgsi.pt/jstj.nsf/954f0ce6ad9dd8b980256b5f003fa 814/2977b1d06e94b2e58025729800577374?OpenDocument (acedido em Outubro de 2009).

82 OS CRIMES DOS JORNALISTAS

O cerne da polémica, que motivou diversas notícias, debates, comentários e artigos de opinião nos meios de comunicação social[44], centra-se na questão da veracidade da notícia, pois o acórdão afirma que «é irrelevante que o facto divulgado seja ou não verídico para que se verifique a ilicitude a que se reporta este normativo, desde que, dada a sua estrutura e circunstancialismo envolvente, seja susceptível de afectar o seu crédito ou a reputação do visado».

Além disso, o acórdão sublinha que «o conflito entre o direito de liberdade de imprensa e de informação e o direito de personalidade – de igual hierarquia constitucional – é resolvido, em regra, por via da prevalência do último em relação ao primeiro». Para os juízes, a referida notícia «ofende ilícita e culposamente o crédito e o bom nome do clube de futebol, que disputa a liderança da primeira liga».

Em comunicado divulgado a 11 de Abril de 2007[45], o Sindicato dos Jornalistas manifestou a sua discordância com a decisão do Supremo e afirma a sua convicção de que os jornalistas «não só agiram no exercício legítimo de um direito – melhor, do dever de informar – como também fizeram tudo o que lhes foi possível para formarem a sua convicção da verdade» quanto às alegadas dívidas fiscais do Sporting.

O Supremo Tribunal de Justiça, numa tentativa de refrear a polémica, afirmou, em comunicado à imprensa, que a decisão «ocorreu numa acção de indemnização por danos e não num processo-crime» e que, «ao contrário do que noticiaram alguns jornais diários, o jornal em causa não foi condenado por ter publicado uma notícia verdadeira. Aqueles diários noticiaram com falta de rigor, porque nem as instân-

---

[44] A direcção do jornal *Público* mostrou-se bastante crítica em relação a este acórdão, evidenciando a sua decisão de recorrer para o Tribunal Constitucional e para o Tribunal Europeu dos Direitos do Homem. No editorial do dia 11 de Abril de 2007, o director do jornal, José Manuel Fernandes, escrevia que «o acórdão do Supremo Tribunal de Justiça vem das catacumbas dos tempos, viola o mais elementar bom senso e contraria a corrente jurisprudencial das velhas democracias e dos tribunais internacionais».

[45] Disponível em: http://www.jornalistas.online.pt/noticia.asp?id=5611&idselect=3&idCanal=3&p=0 (acedido em Outubro de 2009).

cias, nem o STJ deram como provada a veracidade da notícia pela qual o *Público* foi condenado».

O jornal *Público* recorreu para o Tribunal Constitucional, que, em Junho de 2008, ratificou a decisão do Supremo Tribunal de Justiça.[46] Após esta decisão, o jornal apresentou uma queixa ao Tribunal Europeu dos Direitos do Homem, não havendo, até ao momento, nenhuma decisão.

Caso António Saleiro/*Público*

Em 1997, o jornal *Público* publicou vários artigos sobre ilegalidades nos negócios e obras de António Saleiro, à época Governador Civil de Beja (e ex-presidente da Câmara de Almodôvar).

António Saleiro considerou que foram publicadas várias informações lesivas para o seu crédito e bom nome[47] e instaurou um processo aos três jornalistas do *Público* responsáveis pelos vários artigos – José António Cerejo, Carlos Fernandes e Eduardo Dâmaso. Os jornalistas foram condenados a pagar uma indemnização a título de danos morais no valor de 19.951,92 euros a António Saleiro.

Depois de o Tribunal da Relação de Évora, a 29 de Abril de 2004, ter julgado improcedente o recurso, o jornal *Público* recorreu para o

---

[46] Acórdão nº 292/2008_Diário da República, 2ªSérie- Nº 141-23 de Julho de 2008.

[47] Algumas das frases evidenciadas pela acusação: «episódios pouco edificantes»; «subiu por meios invulgares»; «uma fortuna alicerçada numa situação de monopólio concelhio, criada e mantida à custa de influências e métodos pouco ortodoxos»; «a Câmara de Almodôvar e, em particular, o seu ex-presidente, o todo-poderoso governador civil de Beja António Saleiro, está envolvida desde há meia dúzia de anos num grande negócio onde não faltam ilegalidades e grandes enigmas»; «as notícias sobre os investimentos que o actual governador civil de Beja, António Saleiro, prometeu levar para o seu concelho, no interior do Baixo Alentejo, e os negócios em que aparece ora como autarca ora como empresário são exemplares de uma trágica forma de fazer política em Portugal»; «indícios de corrupção, abuso de poder e simulação de documento»; «um investimento chinês em Almodôvar que está na origem de aparentes irregularidades administrativas e penais, o destino de cheques referenciado neste processo, abuso de poder no exercício de funções de presidente da Câmara, simulação de escrituras e outros documentos celebrados em função de pagamentos que não são aparentemente reais, encontram-se entre os actos que estão a ser investigados».

Supremo Tribunal de Justiça, que a 13 de Janeiro de 2005[48] absolveu os três jornalistas do *Público*.

O Supremo Tribunal de Justiça concluiu, contrariando as duas anteriores sentenças, que o trabalho de investigação efectuado «se reveste de seriedade» e «assenta em testemunhos em que os jornalistas puderam acreditar, em documentos por estes obtidos e em comparação de situações para cuja diferença não encontraram respostas». Quanto aos juízos de valor, o acórdão considera que assentam nos factos investigados ou são formulados no condicional e, embora alguns se revistam de uma certa virulência, a liberdade de expressão admite «uma certa dose de exagero, mesmo de provocação, de polémica e de agressividade, em particular quando a pessoa visada é um político, agindo nessa qualidade». O acórdão reforça ainda que as expressões utilizadas não ofendem o princípio da proporcionalidade.

3.3.2. Ofensa à memória de pessoa falecida

Além do Código Civil, que sublinha que «os direitos de personalidade gozam textualmente de protecção depois da morte do respectivo titular» (artigo 71º, nº 1), o direito à honra das pessoas falecidas está assegurado pelo Código Penal. De acordo com o artigo 185º «quem, por qualquer forma, ofender gravemente a memória de pessoa falecida é punido com pena de prisão até seis meses ou com pena de multa até 240 dias». Esta pena é agravada em caso de calúnia ou divulgação através da imprensa, mas não é punível quando tiverem decorrido mais de 50 anos sobre o falecimento.

O Código Penal ao proteger a memória da pessoa falecida não pretende tutelar o seu sentimento de dignidade, mas sim «a imagem dela, a recordação daquilo que foi e daquilo que fez, que ao perdurar para além da morte pode ser objecto de ofensa» (Mendes, 1996:99).

---

[48] Comentário a este acórdão por Eduardo Maia Costa, in Revista do Ministério Público, nº 101, ano 26º, Janeiro-Março 2005.

A memória é traduzida aqui como «o património do passado individual, compreendido, especificamente, como matéria operante no âmbito espiritual do presente» (Faria Costa, 1999:658).

3.3.3. Ofensa a organismo, serviço ou pessoa colectiva

A partir de 1995, altura em que foi aprovado o Decreto-Lei nº 48/95, de 15 de Março, que fez a revisão do Código Penal de 1982, foi criado um novo tipo legal de crime que protege as ofensas a organismos, serviços ou pessoas colectivas.

O artigo 187º do Código Penal sublinha que «quem, sem ter fundamento para, em boa fé, os reputar verdadeiros, afirmar ou propalar factos inverídicos, capazes de ofender a credibilidade, o prestígio ou a confiança que sejam devidos a organismo ou serviço que exerçam autoridade pública, pessoa colectiva, instituição ou corporação, é punido com pena de prisão até seis meses ou com pena de multa até 240 dias».

Apesar das pessoas jurídicas não serem portadoras do valor honra, enquanto direito de personalidade, transmitem para o exterior a imagem como funcionam e prestam os seus serviços. Deste modo, uma sociedade comercial ou uma instituição «podem ser ofendidas, e até gravemente prejudicadas, quando lhes imputam uma acção desonesta ou quando as acusam de exercer uma actividade que deveria ser socialmente útil e o não é, ou quando as acusam de servir mal o público, por exemplo, por inépcia da sua direcção ou defeitos de organização» (Mendes, 1996:108).

3.4. Crimes contra a reserva da vida privada

3.4.1. Devassa da vida privada

As transformações na indústria dos media descritas no primeiro capítulo, que exaltam o actual recurso ao sensacionalismo, à "tabloidização" e ao *infotainment*, repercutem-se, consequentemente, na invasão da vida privada por parte da comunicação social.

Se recentemente começa a ser uma prática mais corrente, é interessante sublinhar que até ao ano de 1990, em Portugal, a violação deste direito tinha pouca expressão. Um relatório do Conselho de Imprensa, de 1988, mostra que até esse ano a questão do direito à privacidade não foi um problema na imprensa portuguesa: «Não existe em Portugal uma forte tradição de imprensa sensacionalista e só depois da instauração da democracia e com a liberdade de criação de empresas jornalísticas, inexistente ou sujeita a apertado controlo político durante a ditadura, apareceram alguns jornais que desenvolveram este tipo de jornalismo, na procura de um mercado até então praticamente inexistente. Ao contrário do que sucede noutros países europeus, essa imprensa sensacionalista e, em geral, a imprensa de grande circulação, não tem devassado de forma significativa, a vida privada de homens públicos – políticos, grandes empresários, artistas populares, etc. – o que tem contribuído para dar um maior relevo a qualquer possível transgressão. Esses jornais sensacionalistas devassam a vida privada de cidadãos de classes baixas, que não têm consciência dos seus direitos nem capacidade e instrução para os exercer e para se defenderem. São quase sempre assuntos com origem em casos de polícia ou em julgamentos e dizem quase sempre respeito a crimes passionais, à violação de menores ou a casos associados ao consumo de droga, em casos mais restritos de emigrantes negros (...). É talvez por este conjunto de circunstâncias que o Conselho de Imprensa português nunca recebeu nenhuma queixa de um cidadão por violação pelos jornais do direito à privacidade» (*apud* Coelho, 2005:289).

Se na actualidade a situação portuguesa já não é tão positiva[49], quando comparada com outros países, como por exemplo, Inglaterra,

---

[49] Se nas revistas "cor-de-rosa" ou na imprensa sensacionalista o desrespeito pela vida privada (sem qualquer interesse público) já não causa grande espanto, a sua mais recente entrada, de uma forma subtil, na imprensa de referência poderá fazer "estragos" ainda mais irreparáveis na vida dos cidadãos. Numa crónica do jornal *Público* com o título «A degradação da privacidade e da intimidade», Pacheco Pereira (2006) chama a atenção precisamente para este facto, partindo de uma notícia do jornal *Expresso* de 14 de Outubro de 2005: «Casal Sócrates pelo sim». A notícia era sobre a presença de José Sócrates enquanto secretário-geral do PS e uma jornalista «descrita como sua namorada» num debate sobre o aborto. Para Pacheco Pereira, o título do "casal" «não tinha qualquer relevância jornalística, destinava-se apenas a alimentar o

Alemanha, Espanha, França ou Estados Unidos da América, continua a sê-lo. Casos de divulgação de infidelidades nestes países – como é o caso de Bill Clinton com a estagiária da Casa Branca Mónica Lewinsky, do presidente francês Francois Mitterand com Anne Pingeot, directora do Museu d'Orsay ou de Jonh Major com a ex-deputada do partido conservador, Edwina Currie – são paradigmáticos de como a vida privada é esmiuçada ao pormenor, acabando inevitavelmente por ter uma forte projecção mediática a nível nacional e internacional.

Em Itália, em Março de 2007, a autoridade para a protecção de dados pessoais emitiu uma lei que proíbe a publicação de notícias sobre a vida privada, se «não tiverem interesse público» ou se contiverem «detalhes sobre a vida privada das pessoas e da sua esfera sexual». Esta medida surgiu na sequência de uma investigação policial que desmantelou uma rede de extorsão italiana que fotografava figuras públicas (por exemplo, a filha de Sílvio Berlusconi, ou o porta-voz do Governo, Sílvio Sircana) em situações comprometedoras e depois as chantageava, pedindo dinheiro em troca da não publicação das referidas imagens. Esta autoridade, que garante a privacidade das pessoas em Itália, justificou à comunicação social que esta posição se devia a episódios concretos ocorridos em Itália, «que se traduziram na difusão de informações e notícias, assim como transcrições de escutas telefónicas, que terão superado o direito à informação e violado a dignidade dessas pessoas». Esta lei originou uma forte polémica junto da comu-

---

voyerismo de um público que respeita pouca ou nada da privacidade alheia». E alerta que «os jornalistas do *Expresso* não podiam deixar de saber o que estavam a fazer. Quem conhece os mecanismos da comunicação e selvajaria deontológica em que está hoje mergulhada sabe muito bem que, quando um jornal de referência faz aquele título, abre as comportas a uma enxurrada que, a partir da intromissão de privacidade inicial, normaliza o delito. O *Expresso* deu legitimidade a que todos pudessem voltar a atenção do seu voyerismo, do seu machismo, para o "casal", neste caso em particular para a namorada. E nos últimos dias a enxurrada de lixo tablóide aberta pelo *Expresso* levou outra vez todas as revistas do coração a pegar no mesmo assunto, agora já livres do gueto inicial onde estavam acantonadas e mais à vontade para irem mais longe, e a imprensa séria a colocar-se ao mesmo nível. Hoje (...) a *Focus* tem como título da primeira página «Conheça a namorada do 1º ministro» e a procissão ainda vai no adro».

nicação social italiana, alegando esta que é difícil calcular quando uma informação é ou não de interesse público. As penas, de acordo com esta nova lei, vão dos três meses aos dois anos de prisão e ao pagamento de indemnizações.

A tendência para o aumento das intromissões do jornalismo na vida privada de alguns cidadãos, sempre com a invocação do interesse público por trás, está relacionada com dois fenómenos que estão interligados: «por um lado, a espectacularização da informação, o acréscimo do valor entretenimento das notícias e a narrativização do texto jornalístico; por outro, a relação conflitual entre jornalistas e homens políticos e a concepção da missão do jornalista enquanto «antagonista» dos poderes públicos» (Mesquita, 1995:124).

Jostein Gripsrud (2002:240) fala mesmo num processo de «intimização da esfera pública». Através do estudo de vários casos da entrada da esfera pública na intimidade dos notáveis, Gripsrud conclui que a lógica da intimidade dos políticos pode ser valiosa para os mesmos, que não hesitam em servir-se dela, mas também interessa bastante aos media, pois os jornais, a rádio e a televisão adoram falar do lado humano dos políticos e de outras personalidades influentes.

Em Portugal, o caso Tomás Taveira foi uma das primeiras intromissões evidentes da imprensa portuguesa na vida privada de uma figura pública. Em Outubro de 1989, a *Semana Ilustrada* publicava imagens de vídeos privados do arquitecto Tomás Taveira. O título «As loucuras sexuais de Tomás Taveira» era ilustrado com imagens do arquitecto em cenas de sexo com várias mulheres. Com uma providência cautelar[50], o arquitecto conseguiu que a revista e 150 mil vídeos fossem apreendidos, acabando por receber uma indemnização de 20 mil contos da revista. Este caso ditou o divórcio do arquitecto Tomás Taveira.

---

[50] Sentença de 21.11.89, do 15º Juízo Cível (2ªsecção) da Comarca de Lisboa (proc. nº 6327). Comentário à sentença *In*: Costa, Artur Rodrigues da (1989), "Conflito entre o direito à informação e o direito ao bom nome e à privacidade – Providência cautelar preventiva de abuso de liberdade de imprensa", Revista do Ministério Público, Ano 11º, Nº 42, pp.123-136.

Mas vários casos internacionais recentes são demonstrativos da conflitualidade entre a vida privada e a liberdade de imprensa:

- Caso Telma Ortiz/Espanha: Telma Ortiz, irmã da princesa Letizia de Espanha, e o seu namorado, Enrique Martín Llop, instauraram, em Abril de 2008, uma medida cautelar contra 57 meios de comunicação espanhóis (várias estações de televisão, agências noticiosas, revistas sociais e empresas editoras), devido ao «insuportável» e «permanente assédio da imprensa». Alegando que nem ela nem o pai da sua filha recém-nascida são pessoas famosas, Telma Ortiz solicitava a proibição de captar, publicar, distribuir, emitir, difundir, ou reproduzir, por qualquer meio, fotos suas. As únicas excepções seriam as fotografias tiradas em ocasiões oficiais. No entanto, a 15 de Maio de 2008, a juíza do Tribunal de Primeira Instância e Instrução nº 3 de Toledo, María Lourdes Pérez Padilla, não deu provimento à queixa de Telma Ortiz.[51]
- Caso Max Mosley, presidente da Federação Internacional de Automobilismo (FIA): No dia 30 de Março de 2008, o jornal britânico *News of the World* publicou fotos e vídeos de uma orgia entre Max Mosley e cinco prostitutas, classificando a sessão como «orgia nazi», já que o pai de Mosley havia sido um ex-líder do movimento fascista britânico dos anos 30. O presidente da FIA, que foi pressionado para abandonar o seu cargo à frente da instituição, depois da publicação da história, negou que a sessão sexual tivesse conotação nazi e acusou o jornal de violação da vida privada. A justiça inglesa deu razão a Max Mosley, condenando, em Julho de 2008, o tablóide *News of the World* ao pagamento de uma multa de 76.200 euros.
- Caso Carlos Menem (ex-presidente argentino): Em Maio de 2007, a revista chilena *SQP* publicou fotografias de Cecília Bolocco, mulher do ex-presidente argentino, Carlos Menem, em *top less* ao lado do empresário italiano Luciano Marochino, na sua casa em Miami. Como era do conhecimento geral que Carlos Menem

---

[51] Auto 00093/2008 do Tribunal de Primeira Instância e Instrução nº 3 de Toledo.

se encontrava na Argentina, esta história propagou-se por toda a imprensa da América Latina. Devido ao impacto da história, Menem acabou por vir a público revelar que há três anos que viviam separados, que não disseram nada para proteger o filho e que tinham uma espécie de "pacto de liberdade": «Nem Cecília me foi infiel, nem eu sofri qualquer infidelidade». Palavras que originaram o título de um jornal argentino: «Nunca fui corno». Depois de uma revista hispânica de Miami ter publicado as fotografias em que se via os beijos e as carícias de Cecília e o empresário, Menem acabou por vir novamente a público anunciar que tinha pedido o divórcio.

- Caso Daniela Cicarelli: Em Agosto de 2006, um turista gravou e vendeu para exibição pública imagens de cenas eróticas da apresentadora da *MTV* brasileira, Daniela Cicarelli, com o namorado numa praia, em Espanha. Daniela Cicarelli conseguiu a suspensão de exibição das imagens e instaurou um processo contra o YouTube, o portal iG e o grupo Globo, exigindo uma indemnização. A sentença da justiça brasileira (em Junho de 2007) considerou que a modelo Daniela Cicarelli não tinha direito a indemnização, muito menos a impedir a veiculação de imagens na televisão e na internet. De acordo com o juiz, «se um casal resolve expor a sua intimidade numa praia, não serão os media culpados pela exibição do facto».

- Caso Carolina do Mónaco /Tribunal Europeu dos Direitos do Homem: A 24 de Junho de 2004, uma sentença[52] proferida pelo Tribunal Europeu dos Direitos do Homem (TEDH) agitava a imprensa alemã. Em causa estava a publicação de várias fotografias da vida privada da princesa Carolina do Mónaco, na década de 90, nas revistas *Bunte*, *Freizeit Revue* e *Neue Post*. Depois de vários anos, de instância em instância, o Tribunal Constitucional alemão considerou que apenas deviam ser interditadas as fotografias onde

---

[52] Processo nº 59320/00, 24 de Junho de 2004. Disponível em www.echr.coe.int (acedido em Outubro de 2009).

aparecia com os filhos, tendo esta que tolerar, enquanto personalidade da história contemporânea, a publicação de fotografias
suas em lugares públicos, mesmo que não estivesse em deveres
oficiais. Mas a sentença do TEDH deu razão a Carolina, evidenciando que «o público não tem interesse legítimo em saber como
se comporta a princesa Carolina na sua vida privada, mesmo se ela
estiver em locais público e apesar de ser uma pessoa conhecida
do público». Numa carta aberta ao chanceler Gehard Schoeder,
43 editores da imprensa alemã apelaram ao Governo para inter-
por recurso contra esta sentença, o que nunca veio a acontecer.

- Caso Naomi Campbell/*The Mirror*: «Naomi: I am a drug adict».
Este foi o título de uma reportagem fotográfica do *The Mirror*, com
Naomi Campbell a sair de uma reunião de Narcóticos Anónimos.
A modelo processou o jornal e ganhou, tendo o jornal sido obri-
gado a pagar-lhe uma indemnização. De acordo com a sentença
do Tribunal de Londres, o jornal tinha o direito de noticiar que
Naomi consumia drogas, mas invadiu a sua vida privada ao revelar
pormenores acerca do tratamento médico.[53]

Da Deontologia ao Direito

O respeito pela vida privada é um dos princípios presentes na maioria
dos códigos deontológicos internacionais, quer nacionais, quer supra-
nacionais. O código deontológico português evidencia que o jornalista
deve respeitar a privacidade dos cidadãos, excepto quando estiver em
causa o interesse público ou a conduta do indivíduo contradiga, mani-

---

[53] Numa análise a este caso, Mário Mesquita (2002) esclarece que esta sentença «ao
conceder às celebridades um certo "espaço de privacidade"» vai a contracorrente de
outras decisões judiciais da mesma altura (ano de 2002), «designadamente os casos
da notícia de relações extraconjugais do futebolista Garry Flitcroft ou das visitas a um
bordel de Mayfair do apresentador de televisão Jamie Theakston, ambos vencidos em
processos contra a chamada "imprensa popular"». Na sua opinião, o caso Campbell
«abre um tímido precedente no sentido de estabelecer alguns limites nesta matéria.
Observado do lado de cá da Mancha, parece justiça salomónica, mas os cronistas
judiciários britânicos admitem que se pode estabelecer uma "nova fronteira entre os
direitos das figuras públicas e a liberdade de imprensa"».

festamente, valores e princípios que publicamente defende. Evidencia também que o jornalista se deve obrigar, antes de recolher declarações e imagens, a atender às condições de serenidade, liberdade e responsabilidade das pessoas envolvidas. Vários casos de coberturas mediáticas mostram-nos que, cada vez mais, este último ponto é desrespeitado. Como exemplos desse desrespeito vêm-nos à memória casos como a cobertura mediática da tragédia de Entre-os-Rios e a repetição exacerbada da pergunta «O que é que sentiu?», feita a pessoas que tinham acabado de perder vários familiares e se encontravam transtornados pela dor.

Mas se há casos que se constituem como claros e arrepiantes erros profissionais, contra qualquer moral, outros há, menos lineares, como é o caso da privacidade oferecida, isto é, quando são as próprias pessoas, vítimas de alguma ingenuidade e emotividade, num determinado momento, a abrirem totalmente as suas vidas à comunicação social.

Numa deliberação[54] sobre questões de privacidade e de dignidade humana, de Outubro 2000, a já extinta Alta Autoridade para a Comunicação Social sublinhava que «a questão mais premente e mais culturalmente dramática será a da privacidade oferecida, aquela que se auto-exibe. (...) no plano jornalístico, por exemplo, a de menores e de familiares de menores, que, de forma mais ou menos ingénua, por vezes em situações de grande emotividade e fragilidade psicológica, parcialmente a revelam, a expõem a órgãos de comunicação social (...). Estamos assim em saber se é privado aquilo que não se quer a si próprio como tal, se podemos e devemos proteger quem não quer nesta matéria ser protegido. Tal como estamos em saber se é legítimo exigir de órgãos de comunicação social que não firam a privacidade que não se reconhece como ferida».

O mediático caso de 2007 do bebé raptado em Penafiel e encontrado, um ano depois em Valongo[55], é paradigmático nesta questão.

---

[54] Disponível no site da Alta Autoridade para Comunicação social: www.aacs.pt (acedido em Outubro de 2009).

[55] O bebé, Andreia Elisabete, foi raptado do Hospital Padre Américo, em Penafiel, no dia 17 de Fevereiro de 2006, e resgatado pela PSP de Valongo a 13 de Março de

Os jornalistas excederam-se na dose de sensacionalismo na cobertura mediática do caso, bem como na invasão da vida privada do casal a quem foi roubada a criança. Com forte carga dramática, todos os pormenores da vida e da casa daquela família foram explorados ao limite, evidenciando-se cenários de forte pobreza e de algum atraso social. Mas será que o jornalista pode ser acusado de devassa da vida privada, se o próprio casal autorizou, promoveu e "escancarou" a sua vida aos media?

Cientes dos problemas das derrapagens éticas e deontológicas do jornalismo, a Associação Portuguesa de Imprensa e a Confederação Portuguesa de Meios de Comunicação Social criaram uma Plataforma Comum dos Conteúdos Informativos nos Meios de Comunicação. Esta plataforma[56], assinada por representantes da imprensa, rádio e televisão, a 17 de Março de 2005, é um conjunto de bases programáticas, que pretendem constituir um Código de Conduta a ser seguido por todas as redacções como suporte à auto-regulação. A terceira base programática é precisamente dedicada ao direito à reserva da vida privada, defendendo-se que a informação difundida pelos órgãos de comunicação social deve respeitar a vida privada e a esfera pessoal do indivíduo, salvaguardados os valores colectivos do interesse público[57].

2007. A raptora, um mulher de 37 anos, confessou nessa altura a autoria do rapto, justificando-o com a necessidade de manter a relação com o companheiro com quem vivia.

[56] Documento disponível no site do Gabinete para os Meios de Comunicação Social (que substituiu o Instituto da Comunicação Social em Junho de 2007): www.ics.pt (acedido em Outubro de 2009).

[57] Os sete pontos desta base programática sobre a reserva da vida privada são:

1. A vida privada de uma pessoa não deve ser investigada, a menos que, do seu relevante papel social, conjugado com a matéria em investigação, seja do interesse público, ou tenha o seu expresso consentimento. Em qualquer caso devem ser respeitados os limites impostos pelo Código Deontológico dos jornalistas, Estatutos Editoriais e presentes Bases Programáticas.

2. Não devem ser divulgadas notícias identificativas de pessoas em caso de suicídio ou tentativa do mesmo, nem tão pouco proceder à descrição detalhada das circunstâncias, a menos que o incidente seja de manifesto e justificado interesse público.

OS CRIMES DOS JORNALISTAS

Em termos legislativos, a reserva da vida privada está assegurada em vários diplomas. É reconhecido pela Constituição da República, no artigo 26º, nº 1, e pelo Código Civil, no artigo 80º, como direito fundamental e como direito de personalidade, e no artigo 192º do Código Penal. No Estatuto do Jornalista lê-se, no artigo 14º, que constitui dever fundamental dos jornalistas exercer a respectiva actividade com respeito pela ética profissional, competindo-lhes, designadamente, «preservar, salvo razões de incontestável interesse público, a reserva da intimidade, bem como respeitar a privacidade de acordo com a natureza do caso e a condição das pessoas (alínea h)».

No ordenamento jurídico internacional, a questão da vida privada é destacada na Declaração Universal dos Direitos do Homem (artigo 12º)[58], na Convenção Europeia dos Direitos do Homem (artigo

---

3. A imagem de pessoas mortas só deverá permitir a identificação das mesmas quando tal facto for essencial à notícia e desde que seja transmitida com respeito pela dignidade da pessoa humana.

4. Deve usar-se particular prudência no tratamento da informação que respeite a crianças e jovens, ou pessoas diminuídas físicas ou mentais, em situação de risco, salvaguardando sempre a sua privacidade.

5. Nas notícias sobre acidentes, devem ser confirmados os nomes dos envolvidos antes de qualquer divulgação e evitada toda e qualquer especulação, ponderando a salvaguarda da protecção dos familiares das vítimas e do direito ao bom nome, mesmo depois da morte.

6. Não deve haver discriminação, nem ser dado particular destaque em função da raça, etnia, nacionalidade, sexo, filiação politico-partidária e religiosa, orientação sexual, aparência física, profissão, estatuto social, a menos que tal seja importante e indispensável à compreensão dos factos relevados.

7. Em reportagens levadas a efeito em países onde possa estar em causa a segurança, bem estar físico ou liberdade de terceiros, seja por razões de ordem política, divergências de opinião ou motivos religiosos, deverá ser cuidadosamente ponderada a divulgação de imagens ou informações susceptíveis de levar à identificação e perseguição das pessoas envolvidas.

[58] «Ninguém sofrerá intromissões arbitrárias na sua vida privada, na sua família, no seu domicílio ou na sua correspondência, nem ataques à sua honra e reputação. Contra tais intromissões ou ataques toda a pessoa tem direito a protecção da lei».

8º)[59] e no Pacto Internacional de Direitos Civis e Políticos (artigo 17º)[60].

De acordo com o artigo 192º do Código Penal, comete crime de devassa da vida privada «quem, sem consentimento e com intenção de devassar a vida privada das pessoas, designadamente a intimidade da vida familiar ou sexual: *a*) interceptar, gravar, registar, utilizar, transmitir ou divulgar conversa, comunicação telefónica, mensagens de correio electrónico ou facturação detalhada; *b*) captar, fotografar, filmar, registar ou divulgar imagem das pessoas ou de objectos ou espaços íntimos; *c*) observar ou escutar às ocultas pessoas que se encontrem em lugar privado; ou *d*) divulgar factos relativos à vida privada ou a doença grave de outra pessoa».

Nestes casos, há uma punição com pena de prisão até um ano ou com pena de multa até 240 dias. Se o crime for praticado através da comunicação social, estas penas são elevadas de um terço nos seus limites mínimo e máximo (artigo 197º do CP).

O procedimento criminal pelo crime de devassa da vida privada, qualificado como crime semi-público, depende de queixa ou de participação (artigo 198º do CP).

A única causa de exclusão de ilicitude possível para a comunicação social diz respeito à divulgação de factos relativos à vida privada ou a doença grave de outra pessoa, quando for praticada «como meio adequado para a realização de um interesse público legítimo e relevante» (artigo 192º, nº 2, do CP).

Ao contrário do que acontece nos crimes contra a honra, a verdade dos factos não pode ser utilizada na defesa do jornalista, pois o que está em causa é o carácter privado das informações divulgadas. A reserva sobre a intimidade da vida privada «estende-se tanto a factos verdadeiros como aos falsos, sendo inadmissível a *exceptio veritatis*»

---

[59] «Qualquer pessoa tem direito ao respeito da sua vida privada e familiar, do seu domicílio e da sua correspondência».

[60] «Ninguém será objecto de intervenções arbitrárias ou ilegais na sua vida privada, na sua família, no seu domicílio ou na sua correspondência, nem de atentados ilegais à honra e à sua reputação».

(Mota Pinto, 1993:533), o que, como facilmente se percebe, constitui uma forte limitação à actividade do jornalista.

As fronteiras da vida privada

Que "espaço" ocupa a vida privada? O que é que engloba o direito à reserva da vida privada? O que é protegido? São perguntas que se colocam ao abrigo do direito à reserva sobre a intimidade da vida privada, que tem por objecto o controlo de informação sobre a vida privada, visando proteger o interesse em controlar a tomada de conhecimento, a divulgação ou simplesmente a circulação de informação sobre a vida privada, bem como o interesse na subtracção à atenção dos outros, ou interesse na solidão (Mota Pinto, 2001:23).

Baseado na jurisprudência alemã, o conceito de vida privada é normalmente encarado pelos tribunais portugueses de acordo com a teoria das três esferas: a esfera da intimidade, correspondendo a um domínio inviolável e intangível da vida privada, com protecção absoluta, reconhecida a todas as pessoas, independentemente do seu estatuto; a esfera da vida privada, que abrange factos que cada um partilha com um núcleo limitado de pessoas, mas que já varia de acordo com o estatuto da pessoa; e a esfera da vida pública, envolvendo factos susceptíveis de serem conhecidos.[61]

De acordo com o Parecer nº 121/80 do Conselho Consultivo da Procuradoria-Geral da República, «a reserva da vida privada que a lei protege compreende os actos que devem ser subtraídos à curiosidade pública, por naturais razões de resguardo e melindre, como os sentimentos, os afectos, os costumes da vida e as vulgares práticas quotidianas, as dificuldades próprias da difícil situação económica e as renúncias que implica e até por vezes o modo particular de ser, o gosto pessoal de simplicidade que contraste com certa posição económica

---

[61] Mota Pinto (2000:162) é crítico em relação a esta distinção, alegando que «para além de não facilitar uma clara demarcação do conteúdo do direito fundamental em questão, esta distinção apenas poderá ser utilizada para graduar a gravidade da ofensa (...) A oposição fundamental reside, antes, a nosso ver, na distinção entre informação sobre a vida privada e informação sobre a vida pública da pessoa».

ou social; os sentimentos, acções e abstenções que fazem parte de um certo modo de ser e estar e que são condição da realização e do desenvolvimento da personalidade».

A vida privada das figuras públicas

O artigo 80º do Código Civil, além de afirmar que «todos devem guardar reserva quanto à intimidade da vida privada de outrem» (nº 1), apresenta dois critérios para a delimitação do âmbito de tutela do direito à intimidade da vida privada, reconhecendo que «a extensão da reserva é definida conforme a natureza do caso e a condição das pessoas» (nº 2). Ou seja, o "espaço" da vida privada varia de acordo com a natureza do caso e da maior ou menor notoriedade das pessoas envolvidas.

Não quer isto dizer que as figuras públicas – as pessoas da história do tempo[62] – não têm direito à sua vida privada, mas sim que estão sujeitas a limites mais apertados. O "peso" social de certas pessoas, pela profissão que exercem, pela celebridade que alcançaram, ou porque involuntariamente se tornaram objecto de um justificado interesse geral (por exemplo, vítimas de crimes, acidentes) pode justificar que factos da sua vida privada sejam divulgados por exigências de interesse público. Nestes casos, a sociedade tem interesse em conhecer factos da vida destas pessoas, acabando a vida privada por ser mais limitada do que a das pessoas «que vêem no anonimato e na conservação de uma esfera de isolamento condições indispensáveis à sua felicidade» (Cabral, 1988:26-27).

No caso das figuras públicas, a realização de um interesse público legítimo e relevante pode verificar-se quando condutas integradas na esfera íntima «têm repercussões na actividade e nas instituições públicas, quando são relevantes para a avaliação pública do seu carácter pes-

---

[62] Baseado na proposta de Neumann-Duesberg, a doutrina e a jurisprudência distinguem entre pessoas da história do tempo em sentido absoluto (pessoas que na sua época lideram a vida política, económica, social, cultural, científica, tecnológica, desportiva, do mundo do espectáculo) e, em sentido relativo, as pessoas atingidas por uma catástrofe natural ou associada aos riscos da sociedade técnica, os agentes e as vítimas de carga policial, de uma perseguição de minorias, de um crime etc. (Andrade, 1997:54).

soal, da sua capacidade para o exercício de cargos públicos ou do seu valor pessoal enquanto figura pública, ou ainda quando contribuem para um juízo mais completo e justo dos protagonistas do processo político» (Machado, 2002:813-814).

Mas na realidade, a questão mais polémica é que as figuras públicas – essencialmente os políticos e as vedetas ligadas ao mundo do espectáculo, televisão, desporto, moda etc. – são acusadas pelos meios de comunicação social de terem dois pesos e duas medidas. Quando precisam da "publicidade" dos meios de comunicação social, da qual depende muitas vezes o seu sucesso profissional, renunciam à sua intimidade e expõem-se publicamente, "abrindo" as portas de sua casa e da sua vida. Essas mesmas personalidades, noutras circunstâncias também ligadas à vida privada, em que essa exposição não vai ao encontro dos seus interesses, reagem mal à presença e publicação de notícias pela comunicação social, originando muitas vezes a instauração de processos judiciais.

Neste sentido, coloca-se a questão de saber se, quando uma figura pública autoriza a divulgação de factos da sua vida privada, não estará a renunciar a esse direito, passando a ser lícito, daí em diante, a devassa da sua privacidade. Seguindo os especialistas na matéria, esta não nos parece uma posição razoável, pois a generalização do consentimento de divulgação de factos da vida privada poderia causar danos irreparáveis em termos de direitos fundamentais dessas pessoas. Ricardo Pinto Leite (1994:13-14) considera mesmo que esta tese é «juridicamente inaceitável», pois quando uma pessoa consente a divulgação de um facto da sua vida privada, o alcance desse consentimento ou autorização é limitado àquele facto e a quem foi transmitido, não autoriza a divulgação de outros aspectos da vida privada da figura pública, independentemente de serem posteriores ou anteriores aos factos ou acontecimentos consentidos.

3.4.2. Outros crimes contra a reserva da vida privada que podem ser cometidos através da comunicação social

Tal como no crime de devassa da vida privada, nos crimes de violação de domicílio ou perturbação da vida privada, de introdução em lugar vedado ao público, de devassa por meio informático, de violação de correspondência ou de telecomunicações e de violação de segredo, as penas são elevadas de um terço nos seus limites mínimo e máximo se o facto for praticado através de meio de comunicação social (artigo 197º do CP). Remetemos para o anexo 2 a transcrição dos artigos em causa.

3.5. Crimes contra outros bens jurídicos pessoais

3.5.1. Gravações e fotografias ilícitas

De acordo com o artigo 199º do Código Penal, é punido com pena de prisão até um ano ou com pena de multa até 240 dias, «quem, sem consentimento: a) gravar palavras proferidas por outra pessoa e não destinadas ao público, mesmo que lhe sejam dirigidas; ou b) utilizar ou permitir que se utilizem as gravações referidas na alínea anterior, mesmo que licitamente produzidas».

O nº 2 do mesmo artigo completa que também incorre nesta pena, quem, contra vontade: «a) fotografar ou filmar outra pessoa, mesmo em eventos em que tenha legitimamente participado; ou utilizar ou permitir que se utilizem fotografias ou filmes referidos na alínea anterior, mesmo que licitamente obtidos».

Tal como acontece no crime de devassa da vida privada, se o crime de gravação e fotografias ilícitas for praticado através da comunicação social, as penas são elevadas de um terço nos seus limites mínimo e máximo.

O procedimento criminal respeitante ao crime de gravações e fotografias ilícitas depende de queixa, sendo o titular da queixa a pessoa cuja imagem foi captada ou utilizada.

Este artigo enaltece o direito à palavra e o direito à imagem, como bens autónomos[63], protegidos em si mesmos, independentemente de haver ou não a violação de privacidade de alguém. Este é um aspecto

---

[63] Com a reforma do Código Penal de 1995, as gravações ilícitas passaram a constar no capítulo contra outros bens jurídicos pessoais, saindo do capítulo «Dos crimes contra a reserva da vida privada».

importante, pois permite distingui-lo do crime de devassa da vida privada, em que são punidas acções semelhantes, mas onde se exige que o agente tenha tido a intenção de devassar a privacidade de alguém.

O direito à palavra

A Constituição da República Portuguesa consagra, no artigo 26º, o direito à palavra como um direito fundamental. De acordo com uma formulação do Tribunal Constitucional alemão, este direito à palavra é o direito «que assiste a toda a pessoa – e só a ela – de decidir quem pode gravar a sua voz bem como, e uma vez registada num gravador, se e perante quem a sua voz pode ser, de novo ouvida» (Andrade, 1996:125).

A jurisprudência portuguesa[64] tem evidenciado que o conteúdo do ilícito típico ínsito no art. 199º do Código Penal esgota-se na simples gravação ou audição não consentidas, prescindindo de toda a referência ao conteúdo da conversa gravada, nem exigindo que ela detenha qualquer conotação ou relevância do ponto de vista da reserva da vida privada, da intimidade ou do segredo *stricto sensu*. Ou seja, o que está em causa é a própria gravação da conversa, independentemente de se tratar de um assunto fútil ou de grande interesse, de ser um assunto íntimo ou público ou de um assunto lícito ou ilícito.

Salvo em situações em que as palavras são destinadas ao público[65], se não existir o consentimento, de nada também interessa se a conversa é dirigida ao próprio autor da gravação e produzida de forma lícita.

No caso específico da prática do jornalismo, este consentimento é considerado muitas vezes de forma tácita, pois o jornalista considera

---

[64] Acórdão do Supremo Tribunal de Justiça de 14.1.99.

[65] Costa Andrade (1999:827-828) considera que se devem considerar não-públicas «as palavras que, segundo a vontade de quem as profere, se destinam a círculos de pessoas individualizadas ou numericamente determinadas ou ligadas por vínculos recíprocos», como por exemplo, as palavras proferidas numa assembleia reservada a membros de um partido político e realizada à porta fechada. São consideradas públicas as palavras proferidas no seio de órgãos abertos ao público (Câmara Municipal, Assembleia Municipal, Tribunal etc.), mesmo que não sejam acompanhadas por qualquer assistência, em conferências de imprensa, em entrevistas radiofónicas ou televisivas, em comícios políticos etc..

que se a pessoa aceita prestar declarações a um órgão de comunicação social, autoriza a sua gravação e a divulgação das mesmas. Neste contexto, são consideradas lícitas as gravações que são feitas com conhecimento do autor das palavras, «pois quem sabe que as suas palavras estão a ser gravadas ou indicia o seu acordo ou interrompe a conversa» (Andrade, 1999:829-830).

Ainda no exercício do jornalismo, o direito à palavra levanta dois problemas concretos: a publicação de entrevistas e a citação de indivíduos. Jónatas Machado (2002:756) frisa que «embora a doutrina sublinhe o carácter consensual da entrevista, verifica-se o cuidado de proteger o entrevistado perante formas de manipulação editorial da entrevista que alterem, desequilibrem e descontextualizem as declarações por ele proferidas». Ainda relativamente à entrevista é de grande importância o respeito por parte do jornalista do "off the record", através do qual o entrevistado tenha condicionado a publicação da entrevista. Também relativamente às citações, «valem preocupações em tudo semelhantes, relacionadas com a garantia de não deturpação, descontextualização das palavras citadas, por forma a garantir a sua autenticidade e correspondência sintáctica e semântica com a intenção expressiva do sujeito falante» (*Idem*).

O direito à imagem

O direito à imagem tem como objecto o retrato físico[66] da pessoa e centra-se no poder que todos têm de impedir que o seu retrato seja exposto publicamente. A regra é que «o retrato de uma pessoa não pode ser exposto, reproduzido ou lançado no comércio sem o consentimento dela» (artigo 79º do Código Civil).

No entanto, a lei excepciona a necessidade de consentimento «quando assim o justifiquem a sua notoriedade, o cargo que desempenhe, exigências de polícia ou de justiça, finalidades científicas, didácticas ou culturais, ou quando a reprodução da imagem vier enquadrada

---

[66] Inclui qualquer suporte: vídeo, fotografia, pintura, desenho, caricatura, silhueta, ou mesmo através da utilização de um sósia ou de um recurso a uma montagem (Machado, 2002:753).

na de lugares públicos, ou na de factos de interesse público ou que hajam decorrido publicamente». Estas excepções não se aplicam «se do facto resultar prejuízo para a honra, reputação ou simples decoro da pessoa retratada».

A lei ao excepcionar as imagens enquadradas em lugares públicos, ou com interesse público, abre bastante o leque das condutas que não são puníveis. Estas excepções têm como objectivo compatibilizar o direito à imagem com o direito à informação, pois se assim não fosse «seria quase impossível difundir imagens de ajuntamentos de pessoas, por exemplo, de espectáculos, comícios ou até de vias públicas, se fosse necessário obter o consentimento dos retratados (Carvalho *et al.*, 2003:215).

Mas Costa Andrade (1996:145-146) sublinha que só não é penalmente ilícito o registo ou divulgação da imagem de uma pessoa num espaço ou acontecimento público (uma rua ou uma praça públicas, uma feira ou mercado, uma manifestação política, sindical, religiosa, desportiva, um espectáculo, uma demonstração de moda, etc.), «se e na medida em que a imagem da pessoa resulte inequivocamente integrada na "imagem" daqueles espaços ou eventos» e daí não resultar «individualização e subtracção não querida ao anonimato e, por vias disso, em captação da imagem já para além da linha da privacidade».

Esta questão esteve na ordem do dia, em Portugal, no início do processo "Casa Pia", quando os magistrados do Ministério Público responsáveis pela direcção na fase de inquérito deste caso fizeram uma queixa à Polícia de Segurança Pública, sobre a presença diária de jornalistas no passeio, à frente do edifício do Departamento de Investigação e Acção Penal (DIAP), alegando que estes recolhiam imagens e fotografavam as pessoas que entravam e saíam do edifício, sem qualquer respeito pela sua privacidade e sem autorizações. Estes magistrados solicitavam assim que fossem tomadas medidas para que tal recolha de imagens não fosse permitida.

De acordo com o Parecer do Conselho Consultivo da Procuradoria--Geral da República[67], que analisou o caso, as forças de segurança não

---

[67] Parecer nº 95/2003 da Procuradoria-Geral da República.

podem impor outras medidas de limitação ao exercício do direito de informação, a não ser para: *a*) garantir a livre entrada e saída de pessoas e viaturas no tribunal; *b*) salvaguardar a vida, a integridade física, a liberdade e a segurança de intervenientes processuais, em particular dos que beneficiem de específicas medidas de protecção policial, devendo essas restrições respeitar as exigências do princípio da proporcionalidade e o conteúdo essencial do direito de informação.

As fronteiras entre o direito à imagem e o direito à liberdade de expressão nem sempre são, no entanto, fáceis de definir. Sofia Pinto Coelho (2005:237) faz um levantamento de algumas situações em que precisamente é difícil estabelecer a legitimidade ou não da conduta: «Se um repórter, devidamente autorizado, está a filmar em alguma instituição pública, podem os trabalhadores ou o público presente opor--se? E se for numa esquadra, numa prisão ou num hospital? Se o arguido tentar ocultar a sua imagem, pondo o braço, ou o casaco sobre a cabeça, por exemplo, o repórter de imagem pode continuar a filmá-lo? E no caso de uma pessoa que notoriamente se quer afastar dos jornalistas, refugiando-se dentro do seu carro? As imagens de agressividade verbal (palavrões) ou física (empurrões) de quem, obviamente, não quer ser entrevistado, podem opor-se à exibição da sua imagem? O dono de um vídeo com imagens de uma festa, pode cedê-lo a uma televisão, sem pedir autorização às pessoas que lá aparecem?».

Uma recente sentença do TEDH – caso Egeland e Hanseid contra a Noruega, de 16 de Abril de 2009[68] – evidencia também esta dificuldade. O jornal norueguês *Dagbladet* publicou fotografias de uma cidadã norueguesa sem o seu consentimento, à saída do tribunal, quando esta tinha acabado de ser condenada a uma pena de 21 anos de prisão por um triplo homicídio, estando a chorar e mostrando sofrimento e desespero. Este crime, cometido de forma particularmente brutal, despertou grande interesse do público levando a que fosse montado um centro de imprensa num pavilhão desportivo próximo para acom-

---

[68] Acórdão disponível em: http://cmiskp.echr.coe.int/ (acedido em Outubro de 2009).

panhamento da leitura da sentença em directo com imagem e som, que foi também transmitida por duas estações nacionais de televisão, embora sem imagens da ré.

Apesar disso, a cidadã condenada intentou uma acção contra os jornalistas Egeland e Hanseid e o seu jornal, com base numa lei norueguesa que proíbe a divulgação de imagens e sons dos réus em audiências criminais e à entrada e saída das mesmas, invocando que se opusera a que lhe tirassem fotografias naquele momento.

Apesar de na primeira instância os jornalistas terem sido absolvidos, o recurso para o Supremo Tribunal Norueguês resultou na condenação dos jornalistas com uma multa de cerca de 1.000 euros. Os jornalistas, por sua vez, apresentaram queixa contra o Estado norueguês junto do TEDH por entenderem que esta condenação consubstanciava uma violação da sua liberdade de expressão, atendendo ao mediatismo e interesse público do caso (a própria sentença do TEDH reconhece-o como «provavelmente o processo criminal mais espectacular e mais mediatizado da história da Noruega») e ao facto de várias imagens da rapariga já terem sido anteriormente divulgadas por diferentes meios de comunicação social.

No entanto, a sentença do TEDH confirmou que a condenação dos jornalistas não violava a Convenção Europeia dos Direitos do Homem e que a divulgação das imagens em causa não acrescentava qualquer informação relevante para o interesse público que justificasse a invasão da privacidade da ré num espaço adjacente ao tribunal, após esta ter manifestado a sua oposição a ser fotografada.

As reportagens «infiltradas»
O Estatuto do Jornalista enuncia que os jornalistas têm como deveres (artigo 14º) não recolher imagens e sons com o recurso a meios não autorizados, a não ser que se verifique um estado de necessidade para a segurança das pessoas envolvidas e o interesse público o justifique; e identificar-se, salvo razões de manifesto interesse público, como jornalista e não encenar ou falsificar situações com o intuito de abusar da boa fé do público. Também o Código Deontológico do Jornalista português consagra que o jornalista «deve utilizar meios legais para

obter informações, imagens ou documentos e proibir-se de abusar da boa-fé de quem quer que seja. A identificação como jornalista é a regra e outros processos só podem justificar-se por razões de incontestável interesse público».

Embora seja uma questão controversa[69], a jurisprudência evidencia que no exercício do jornalismo de investigação, o direito de necessidade poderá excluir a ilicitude de atentados à palavra e à imagem, quando, por exemplo, os órgãos de comunicação social, através de reportagens infiltradas *(cover-up operations)*, difundem imagens ou gravações, obtidas de forma oculta. Antes de recorrer a este tipo de conduta ilegal, o jornalista deverá, no entanto, ter esgotado todas as possibilidades de investigação legal, deverá utilizar um meio adequado, necessário e proporcional para obter a informação e o assunto deverá ser de inegável interesse público, «designadamente para a detecção e/ou exposição pública, de comportamentos tipificados jurídico-criminalmente ou de práticas discriminatórias ou anti-sociais, também geralmente encobertas, por parte de entidades públicas ou privadas» (Machado, 2002:576-577).

Este foi precisamente o entendimento do Tribunal de Matosinhos que, em 1999, ilibou dois jornalistas da *SIC*, num caso de divulgação de uma notícia de *dopping* no futebol, obtida através de uma câmara oculta. O caso remonta a 1997, quando dois jornalistas, fazendo-se passar por dirigentes de um clube de futebol, gravaram com câmara oculta, uma conversa que tiveram com o médico Luís Lourenço, sobre a compra de medicamentos dopantes, em que este lhes dá toda a informação e até uma caixa dos respectivos medicamentos. Esta conversa foi divulgada na *SIC*, no programa Donos da Bola, tendo o médico instaurado um processo judicial pelo crime de gravações e fotografias ilícitas. De acordo com a sentença[70], «seria uma flagrante injustiça (...) punir um jornalista que só através da prática de um crime, logrou revelar publicamente e assim neutralizar um ilícito ainda mais grave».

---

[69] Tema aprofundado por Manuel da Costa Andrade (1996), «Liberdade de Imprensa e inviolabilidade pessoal», pp.313-316.

[70] Processo de 6 de Abril de 1999.

106 OS CRIMES DOS JORNALISTAS

Também em Espanha, no ano de 2002, esta problemática esteve na ordem do dia, quando a jornalista Gema Garcia do *El Mundo TV* se fez passar por uma participante no concurso de Miss Espanha, para provar, através de um falso patrocinador, as irregularidades e os subornos que estavam por detrás deste concurso. A organização do concurso instaurou uma providência cautelar para impedir a difusão das imagens gravadas pela jornalista, mas o juiz não deu provimento, por considerar que os vídeos não punham em causa o direito à privacidade das 52 candidatas do concurso, como defendia a organização.

Mas nem sempre esta questão é vista a favor da liberdade de imprensa, mesmo quando há interesse público relevante. Exemplo disso é a sentença americana do caso da televisão *ABC* com a empresa distribuidora de alimentos Food Lion, em que os jornalistas através de identidade falsa e com câmara oculta divulgaram uma reportagem em que mostravam a distribuição de produtos deteriorados. A empresa alegou invasão da propriedade e fraude, frisando a desproporção dos meios utilizados. A televisão foi condenada ao pagamento de uma indemnização de 1.400 dólares e a uma sanção pecuniária de natureza punitiva no valor de 5.545 milhões de dólares (*apud* Machado, 2002:577).

3.6. Crimes contra a realização da justiça

3.6.1. Violação de segredo de justiça

A partir do momento em que os meios de comunicação social passaram a ter um maior interesse pelos casos de justiça, as questões ligadas ao segredo de justiça[71] também ganharam novas proporções. Casos mediáticos como o da "Casa Pia", "Universidade Moderna", "Saco

---

[71] Tal como protege a liberdade de expressão e informação (artigo 37º), a Constituição da República Portuguesa também assegura a adequada protecção do segredo de justiça (artigo 20º, nº 3). O principal objectivo do segredo de justiça é garantir a eficácia e funcionalidade da administração da justiça, permitindo que a investigação dos crimes seja feita sem perturbação das diligências probatórias e evitando-se os julgamentos feitos pela comunicação social. O segredo de justiça é ainda utilizado

OS JORNALISTAS NO BANCO DOS RÉUS 107

azul de Felgueiras", "Apito Dourado"[72], "Maddie", "Freeport"[73] e "Face Oculta", onde floresceram diariamente notícias consequentes de violação de segredo de justiça, empolaram esta problemática dicotomia entre o segredo de justiça e a liberdade de expressão[74].

O facto de a violação do segredo de justiça ser um crime punível com pena de prisão até dois anos ou com pena de multa até 240 dias

---

como forma de salvaguardar a presunção de inocência do arguido, o seu bom nome, reputação e privacidade.

[72] No âmbito do caso "Apito Dourado", no dia 19 de Janeiro de 2007 rebentou um caso bastante mediático de violação de segredo de justiça por parte da imprensa. O site Sportugal (www.sportugal.pt) publicou as páginas do despacho que conduziu à reabertura do processo referente ao jogo Futebol Clube do Porto-Estrela da Amadora, no âmbito do processo de corrupção no futebol português «Apito Dourado».

Tratava-se de uma notícia sobre o depoimento de Carolina Salgado, ex-companheira do presidente do Futebol Clube do Porto (FCP), Jorge Nuno Pinto da Costa, indicada na notícia como determinante para a reabertura do processo referente ao encontro FCP/Estrela da Amadora, sobre o qual recaíam indícios de corrupção. Como complemento à notícia, o site disponibilizava um ficheiro que continha dez páginas do despacho assinado pela Procuradora-Geral Adjunta Maria José Morgado, com a data de 16 de Janeiro.

Depois de retirarem o despacho, a direcção do Sportugal defendia-se em comunicado, explicando que tinham chegado à redacção por via anónima, várias cópias do despacho: «Contactados os nossos consultores jurídicos, os mesmos consideraram que a divulgação de um despacho de reabertura de inquérito sujeito a reclamação hierárquica não configura qualquer violação do segredo de justiça, em virtude de o processo que foi reaberto estar arquivado».

[73] Sobre a violação do segredo de justiça no Caso Freeport ver: Carvalho, Alberto Arons de (2009), «A comunicação social e o caso Freeport», *in* jornal *Expresso* de 14 Março de 2009.

[74] De acordo com uma sondagem da Universidade Católica, para o jornal *Público* e para a *RTP*, feita em 2004, dois em cada três portugueses defende que os órgãos de comunicação social que noticiem elementos que estão sob segredo de justiça devem ser penalizados. A sondagem sustenta que 61 por cento dos inquiridos concorda com a penalização dos órgãos de comunicação social que divulguem elementos que se encontram sob segredo de justiça, contra 28 por cento que não concorda. Relativamente à importância do segredo de justiça, 59 por cento dos portugueses acredita que é «muito importante», contra os 25 por cento que considera «relativamente importante», seis por cento que diz que é «pouco importante» e quatro por cento, para quem é «nada importante».

não diminui a sua presença e frequência na comunicação social. Por que é que isto acontece? O que justifica a sua permanente violação? Que interesses se mobilizam?

Na opinião de Brito Correia (2005:521), a violação do segredo de justiça pela comunicação social acontece «porque os ofendidos denunciam os factos aos jornalistas, ou porque os jornalistas conseguem antecipar-se na investigação, ou porque as polícias gostam de mostrar os seus êxitos e, também, porque o público gosta de escândalos».

Mas para Sofia Pinto Coelho (2001), a questão centra-se no próprio sistema judicial, quer «pelo muro de silêncio que a justiça armou à sua volta», quer pelas relações que mantêm com as chefias da comunicação social: «A magistratura, a coberto do segredo de justiça, entrega manchetes anonimamente, que, depois, agradecida, a imprensa recolhe. E é assim que a comunicação social, com especial destaque para os jornais, se transforma em refém do aparelho judicial. Qualquer director avisado sabe que não compensa apostar em reportagens críticas do sistema judicial: perde-se tempo, é pouco bombástico e, sobretudo, significa que, a partir daí, as "cachas" vão parar a outro lado».

Vinculação do jornalista ao segredo de justiça

A vinculação do jornalista ao segredo de justiça esteve, ao longo dos últimos anos, envolta numa grande indefinição, não havendo consenso nesta matéria, nem ao nível da doutrina nem da jurisprudência[75]. Para uns, o crime de violação de segredo de justiça apenas poderia ser cometido por participantes processuais ou por pessoas que tivessem tido conhecimento de elementos através do contacto com o

---

[75] A análise de alguns acórdãos, disponíveis no site do Instituto das Tecnologias de Informação na Justiça (www.dgsi.pt), evidencia as distintas interpretações da lei:

«(...) *O segredo de justiça vincula as pessoas que, por qualquer título, tiverem tomado contacto com o processo e implica, entre o mais, a proibição de divulgação da ocorrência ou do teor de acto processual, independentemente do motivo que presidir a tal divulgação, mesmo que feita com o escopo, por parte do jornalista, de informar (...) O jornalista não deve conhecer o que consta de processo em segredo de justiça; mas se, por qualquer razão, vier a ter tal conhecimento e o divulgar poderá ficar incurso no crime de violação de segredo de justiça»* (Acórdão do Tribunal da Relação de Évora, de 19 de Setembro de 2006).

processo, excluindo assim os jornalistas que obtivessem a informação através de diversas formas de consulta do processo (Isidoro, 1993:103; Gonçalves, 2005:1044; Marinho, 1998:145). Para outros, o segredo englobava qualquer pessoa que tivesse tido contacto com o processo ou que tivesse conhecimento do seu teor como, por exemplo, o jornalista (Seiça, 2001:651; Costa, 1996:64; Moreira, 2004; Moura, 2002: 78-79; Moura, 2003).

Na classe jornalística, antes das reformas legislativas de 2007, era entendimento generalizado que um jornalista só violava o segredo de justiça se se provasse que tinha tido contacto directo com o processo ou conseguido a informação através de meios ilícitos. Ou seja, o jornalista podia publicar informações em segredo de justiça, desde que não tivesse recorrido ao processo e tivesse utilizado meios lícitos.

Um dos principais escudos utilizados pelo jornalista na sua defesa em acusações de violação de segredo de justiça era o seu direito ao sigilo profissional[76] (assegurado pelo artigo 38º, nº 2, alínea b, da

---

«a locução "por qualquer título", que o artigo 86º, nº 4, do CPP emprega, não deve ser interpretada restritivamente, no sentido de só contemplar os sujeitos e participantes processuais» (Acórdão do Tribunal da Relação de Guimarães, de 24 de Maio de 2005).

«...a guarda do segredo de justiça não é obrigação apenas de certas profissões ligadas ao processo ou aos Tribunais, mas de qualquer pessoa, designadamente o jornalista» (Acórdão do Tribunal da Relação de Lisboa, de 5 de Fevereiro de 2003).

«(...) É pressuposto da incriminação por violação de segredo de justiça (art. 371º, do CP) que tenha sido a divulgação, feita pelo concreto agente, que tornou público o que até aí era secreto, isto é, que só em virtude dessa divulgação, se tornou conhecido, no todo ou em parte, o teor de acto processual coberto pelo segredo. Nesta perspectiva, não comete o crime de violação de segredo de justiça o jornalista que, perante um facto que, embora sujeito a segredo, já chegara ao conhecimento do público, depois de obter pormenores sobre o mesmo, o divulga através de um meio de comunicação social. Perante a expressão «quem ilegitimamente», utilizada no nº 1 do referido art. 371º e os direitos consignados no seu estatuto, o jornalista só pode ser punido pelo crime de violação de segredo de justiça quando se demonstre que recorreu a meios ilícitos ou fraudulentos para obter a informação que veio a divulgar» (Acórdão do Tribunal da Relação de Coimbra, de 26 de Maio de 1999).

[76] O sigilo profissional dos jornalistas consiste no direito de não revelarem as suas fontes de informação, ou seja, a identidade das pessoas que as forneceram confidencialmente com o compromisso de o seu nome não ser revelado (inclui a não disponibilização dos materiais informativos que possam conduzir à sua revelação). Trata-se

Constituição da República Portuguesa e pelo artigo 6º do Estatuto do Jornalista). Ou seja, quando questionado sobre como teve acesso ao processo em segredo de justiça, o jornalista evocava o seu sigilo profissional, apresentando-se assim este direito como um obstáculo à punição desta violação. Na verdade, o recurso ao segredo das fontes complicava a descoberta da origem da violação do segredo de justiça, pois como afirma Souto Moura (2002), «tal como noutros domínios da criminalidade, é natural que entre a pessoa que tem acesso ao processo e passa a informação, e a pessoa que a divulgue publicamente, se estabeleça um autêntico "pacto de silêncio"» e o mecanismo previsto na lei processual penal[77], para obrigar o jornalista a revelar as suas fontes, «não é, propriamente, expedito».

Com as reformas do Código Penal e Código de Processo Penal, ficou reduzida a possibilidade de interpretações diversas da lei, como acontecia anteriormente. A posição do jornalista face ao segredo de justiça é agora mais objectiva, sendo este obrigado a guardar segredo, sob pena de incorrer num crime com pena de prisão até dois anos ou de multa até 240 dias. A nova redacção do artigo 371º do Código Penal, que acrescenta o «independentemente de ter tomado contacto com o processo», elimina uma das principais justificações do jornalista.

O segredo de justiça antes e depois das reformas de 2007

Tendo em conta que as reformas do Código Penal[78] e do Código de Processo Penal[79] de 2007 trouxeram profundas alterações à questão do segredo de justiça, fazemos de seguida uma análise da lei antes e

---

assim de um «direito imprescindível para a existência de uma verdadeira liberdade de imprensa. Só através da garantia dada às fontes de informação se consegue investigar e recolher informação» (Wemans, s/d: 171).

[77] Este mecanismo refere-se ao facto previsto no artigo 135º do Código de Processo Penal, que embora defina que o jornalista pode escusar-se a depor sobre os factos abrangidos pelo segredo, admite a possibilidade do Tribunal poder ordenar a prestação de depoimento com quebra de sigilo profissional.

[78] Lei nº 59/2007 de 4 de Setembro.

[79] Lei nº 48/2007 de 29 de Agosto (15.ª alteração ao Código de Processo Penal, aprovado pelo Decreto-Lei nº 78/87, de 17 de Fevereiro)

depois das reformas do Código Penal e do Código de Processo Penal, bem como o longo caminho das "negociações" destas alterações.

Antes das reformas de 2007

O Código Penal, no seu artigo 371º, esclarece que a violação do segredo de justiça diz respeito a «quem ilegitimamente der conhecimento, no todo ou em parte, do teor de acto de processo penal que se encontre coberto por segredo de justiça, ou a cujo decurso não for permitida a assistência do público em geral», e quem o fizer é punido com pena de prisão até dois anos ou com pena de multa até 240 dias.

Relativamente à vinculação ao segredo de justiça, o artigo 86º do Código de Processo Penal, no nº 4, sublinha que o segredo de justiça «vincula todos os participantes processuais, bem como as pessoas que, por qualquer título, tiverem tomado contacto com o processo e conhecimento de elementos a ele pertencentes». Este preceito evidencia também as proibições de «assistência à prática ou tomada de conhecimento do conteúdo de acto processual a que não tenham o direito ou o dever de assistir» e a «divulgação da ocorrência de acto processual ou dos seus termos, independentemente do motivo que presidir a tal divulgação».

Quanto à publicidade do processo, o Código de Processo Penal (artigo 86º, nº 1) refere que o segredo de justiça abrange as fases iniciais do processo, sobretudo o inquérito, que é sempre secreto. O processo é público «a partir da decisão instrutória ou, se a instrução não tiver lugar, do momento em que já não pode ser requerida» (artigo 86º, nº 1, do CPP). Ou seja, se houver lugar a instrução, o segredo manter-se-á até à decisão instrutória, salvo se aquela tiver sido requerida apenas pelo arguido e este não se opuser à publicidade. O momento em que cessa o segredo de justiça e se inicia a fase pública do processo é limitado pela decisão instrutória ou, no caso de não haver instrução, pelo momento a partir do qual esta já não pode ser requerida.

Quando se fala na publicidade do processo, fala-se nos direitos de «assistência, pelo público em geral, à realização dos actos processuais», na «narração dos actos processuais, ou reprodução dos seus termos, pelos meios de comunicação social» e na «consulta do auto e obtenção de cópias, extractos e certidões de quaisquer partes dele» (artigo 86º, nº 2, do CPP). Sublinha-se que publicidade não inclui os dados relativos à reserva da vida privada que não constituam meios de prova.

Mas ainda com o processo em segredo de justiça, a lei indica algumas excepções em que podem ser dadas informações relativas ao processo (artigo 86º, nºs 5, 7 e 8, do CPP), «se tal se afigurar conveniente ao esclarecimento da verdade», quando há a necessidade de uma certidão «desde que necessária a processo de natureza criminal ou à instrução de processo disciplinar de natureza pública, bem como à dedução do pedido de indemnização civil», ou se o processo respeitar a acidente causado por veículo de circulação terrestre.

O artigo 86º, nº 9 apresenta ainda possibilidades em que podem ser prestados esclarecimentos públicos[80] relativamente a processos em segredo de justiça: «Quando necessários ao restabelecimento da verdade e sem prejuízo para a investigação, a pedido de pessoas publicamente postas em causa»; e «excepcionalmente, nomeadamente em casos de especial repercussão pública, quando e na medida do estritamente necessário para a reposição da verdade sobre factos publicamente divulgados, para garantir a segurança de pessoas e bens e para evitar perturbação da tranquilidade pública».

Especificamente em relação aos meios de comunicação social, o artigo 88º do CPP dita as regras sobre o que é ou não permitido. Salienta que é «permitida aos órgãos de comunicação social, dentro dos limites da lei, a narração circunstanciada do teor de actos processuais que se não encontrem cobertos por segredo de justiça ou a cujo decurso for permitida a assistência do público em geral». No entanto, não é autorizada «a reprodução de peças processuais ou de documentos incorporados no processo, até à sentença de 1.ª instância (...); «a transmissão ou registo de imagens ou de tomadas de som relativas à prática de qualquer acto processual, nomeadamente da audiência (...)» e a «publicação, por qualquer meio, da identidade

---

[80] Ao longo do processo "Casa Pia" houve vários esclarecimentos públicos, ao abrigo deste artigo, sendo grande parte deles para salvaguardar a reputação de algumas pessoas que estava publicamente a ser posta em causa.

de vítimas de crimes sexuais, contra a honra ou contra a reserva da vida privada, antes da audiência, ou mesmo depois, se o ofendido for menor de 16 anos».

No direito civil, a questão do segredo de justiça é muito menos "complexa", já que salvo algumas restrições, o processo civil é público (artigo 167º do Código de Processo Civil). As limitações à publicidade do processo apenas se impõem «nos casos em que a divulgação do seu conteúdo possa causar dano à dignidade das pessoas, à intimidade da vida privada ou familiar ou à moral pública, ou pôr em causa a eficácia da decisão a proferir», como é o caso dos processos de anulação de casamento, divórcio, separação de pessoas e bens e os que respeitem ao estabelecimento ou impugnação de paternidade, a que apenas podem ter acesso as partes e os seus mandatários (artigo 168º do CPC).

O longo caminho das alterações legislativas ao segredo de justiça

De 2004 a 2007 estiveram em cima da mesa jurídica as alterações ao segredo de justiça, veiculadas pelo Código Penal e Código de Processo Penal, envoltas numa polémica acesa, já que políticos, juristas e jornalistas divergiam sobre o peso do segredo de justiça relativamente à liberdade de imprensa.

Em 2004, ainda com Durão Barroso como primeiro-ministro, o Governo (XV Governo Constitucional) aprovou em Conselho de Ministros (24 de Junho) as propostas de Lei de revisão do Código Penal e do Código de Processo Penal.

A proposta de lei de revisão do Código Penal, liderada pela Ministra da Justiça, Celeste Cardona, em termos de violação de segredo de justiça propunha «uma alteração do artigo 371º, no sentido de esclarecer que o leque de agentes do crime de violação de segredo de justiça abarca quem, ainda que não tenha tomado contacto com o processo, ilegitimamente der conhecimento do teor de acto de processo penal que se encontre coberto por segredo de justiça, esclarecendo eventuais divergências interpretativas».

Quanto à proposta de lei de revisão do Código de Processo Penal, no que concerne ao segredo de justiça, também estavam previstas várias alterações, das quais vamos destacar algumas.

De acordo com esta proposta, era alterado o nº 4 do artigo 86º, «no sentido de consagrar que o segredo de justiça vincula todos os participantes processuais, bem como as pessoas que, por qualquer título, tiverem tomado contacto com o processo ou conhecimento de elementos a ele pertencentes. De facto, o mero conhecimento de elementos constantes de um processo, ainda que não haja contacto directo com o mesmo, afigura-se suficiente para legitimar a vinculação ao segredo de justiça». Esta proposta de lei mudava o «e» para «ou», ou seja, com esta proposta incorria em crime de violação de segredo de justiça quem preenchesse um dos requisitos.

Previa-se um novo nº 10 do artigo 86º, relativamente à prestação de esclarecimentos: «O segredo de justiça não prejudica ainda a prestação de esclarecimentos aos assistentes e aos ofendidos sobre o andamento das investigações, sempre que daí não resulte prejuízo para as mesmas».

No que diz respeito à exclusão da publicidade dos actos processuais por crimes contra a liberdade e autodeterminação sexual e contra a protecção devida aos menores (artigo 87º, nº 3) e à proibição de publicação da identidade das vítimas dos mencionados crimes (alínea c) do nº 2 do artigo 88º), esta proposta pretendia alargar o seu âmbito de aplicação a todas as vítimas, independentemente da sua idade.

Consagrava também «a possibilidade de o juiz, com a concordância do Ministério Público, do arguido e do assistente, permitir que o arguido e o assistente tenham acesso a todo o auto», mantendo-se para todos o dever de guardar segredo de justiça.

Depois da saída de Durão Barroso para a Comissão Europeia, o Governo de Santana Lopes (2004-2005), numa linha de continuidade do programa e da acção política do XV Governo Constitucional, define também como prioritária a política de justiça e dá seguimento à anterior proposta de alteração do regime do segredo de justiça, no sentido da restrição do seu âmbito. Mas devido à curta duração deste Governo, não houve qualquer avanço nesta matéria.

No Governo de José Sócrates, a 29 de Julho de 2005, foi aprovada em Conselho de Ministros a criação da Unidade de Missão para a Reforma Penal (dependendo directamente do Ministro da Justiça),

OS JORNALISTAS NO BANCO DOS RÉUS   115

para a concepção e desenvolvimento dos projectos de reforma da legislação penal.

O início do ano de 2006 foi marcado pela discussão da proposta apresentada por esta Unidade de Missão. Uma proposta bastante diferente da lei na altura em vigor, mas também alvo de fortes críticas[81].

De acordo com a proposta da Unidade de Missão, para haver crime de violação de segredo de justiça passava a ser necessário que o agente estivesse vinculado ao segredo por ter mantido contacto com o processo. Quem não estivesse vinculado ao segredo, mas tomasse conhecimento de algum elemento por ele coberto, só praticaria o crime se prejudicasse a investigação criminal.

Os jornalistas, segundo esta proposta, só poderiam ser punidos se se presumisse que as suas notícias tinham posto em causa uma investigação criminal. A ideia principal desta alteração legislativa era distinguir esferas de responsabilidade dos intervenientes nos processos judiciais. O crime de violação de segredo de justiça seria desdobrado em crime de dever para as pessoas que contactassem com o processo e em crime de perigo (para as outras pessoas estranhas ao processo, onde se incluíam os jornalistas) que prejudicassem a investigação. Este prejuízo estava tipificado, ou seja, a lei enunciava as três situações em que poderia haver condenação: o anúncio de meios de obtenção de prova ou de meios de prova ainda por produzir ou em curso (por exemplo,

---

[81] Em resposta a uma notícia com o título "Código Penal será mais duro com jornalistas", publicada no *Diário de Notícias*, na edição de 21 de Fevereiro de 2006, ao abrigo do direito de resposta, o coordenador da Unidade de Missão, Rui Pereira, esclareceu: «Não é verdade que a proposta de criação de um crime de violação de segredo de justiça para pessoas que não contactem directamente com o processo, mas dolosamente revelem elementos a ele pertencentes, de forma adequada a prejudicar a investigação, aumente a responsabilidade penal dos jornalistas. Pelo contrário, diminui essa responsabilidade, na medida em que o Código Penal prevê hoje, no artigo 371º, um crime "comum", que pode ser cometido por quaisquer pessoas, jornalistas ou não, sem distinguir entre a responsabilidade de magistrados, advogados, polícias, funcionários judiciais e outros sujeitos ou participantes processuais, por um lado, e as restantes pessoas, que tomaram conhecimento indirecto de elementos processuais, por outro».

OS CRIMES DOS JORNALISTAS

buscas, escutas telefónicas ou apreensões de documentos, ou ainda que determinada testemunha vai ser ouvida pelas autoridades judiciárias); a divulgação de medidas de coacção ou de garantia patrimonial ainda não executadas (noticiar que um arguido vai ser preso preventivamente, ou que prestou uma caução); e a divulgação da identidade de testemunhas sob protecção ou de agentes encobertos.

Mas esta foi mais uma proposta que não foi para a frente. Houve um verdadeiro volte-face relativamente a esta proposta da Unidade de Missão, motivado por um acordo político-parlamentar. Em Setembro de 2006, o Partido Socialista e o Partido Social-Democrata assinaram, na Assembleia da República, um acordo político-parlamentar para a reforma da justiça[82], de forma a assegurar «o êxito da reforma da justiça» que é «fundamental para o desenvolvimento do país». De acordo com este «pacto da justiça», os dois grupos parlamentares votariam favoravelmente, na generalidade, as iniciativas legislativas respeitantes às reformas da justiça, entre as quais a revisão do Código Penal e do Código de Processo Penal, que legislam o segredo de justiça.

Segundo o texto acordado, «é restringido o segredo de justiça, passando em regra, a valer o princípio da publicidade, só se justificando a aplicação de regime de segredo quando a publicidade prejudique a investigação ou os direitos dos sujeitos processuais». Ficou ainda estabelecido que a manutenção do segredo, «na fase de inquérito fica dependente de decisão judicial, suscitada pela vítima, pelo arguido ou pelo Ministério Público». De referir que, mesmo nos casos em segredo de justiça, este não se podia prolongar «por mais de três meses para lá dos prazos legais do inquérito». Quanto à vinculação, o referido pacto estabeleceu que «o respeito pela sua aplicação vincula de igual modo quer aqueles que tenham contacto directo com o processo, quer aqueles que a qualquer título tenham conhecimento de elementos que dele constem».

---

[82] Disponível em http://www.mj.gov.pt/sections/documentos-e-publicacoes/temas-de-justica (acedido em Outubro de 2009).

Tendo em conta o pacto, apenas iria haver alterações nos artigos do Código de Processo Penal (CPP). A proposta definitiva de revisão do Código Penal que foi para a Assembleia da República mantinha inalterada a redacção do artigo 371º: "Quem ilegitimamente der conhecimento, no todo ou em parte, do teor de acto de processo penal que se encontre coberto por segredo de justiça, ou a cujo decurso não for permitida a assistência do público, é punido com pena de prisão até dois anos ou com pena de multa até 240 dias."

Quanto à proposta de revisão do Código de Processo Penal, aprovada em Conselho de Ministros no dia 16 de Novembro de 2006, tinha como principais novidades a diminuição da fase secreta do processo e um novo regime de vinculação do segredo de justiça.

Em reacção à aprovação desta proposta, a Associação Sindical de Juízes emitiu um parecer[83], assinado pelos juízes Fátima Mata-Mouros, Joaquim Correia Gomes e José Mouraz Lopes, onde se evidenciava uma forte inquietação em relação às diversas alterações. Embora aplaudissem a preocupação no sentido da diminuição do âmbito da fase secreta do processo, estes juízes mostravam preocupação quanto ao novo regime de vinculação ao segredo.

O parecer destaca o nº 11 do artigo 86º, que prevê que fiquem vinculados ao segredo não só quem tenha acesso directo aos processos, mas também todos os que tenham conhecimento de elementos a eles pertencentes, como é o caso dos jornalistas. Neste sentido, estes juízes questionam «se não se estará a coarctar, de alguma forma, alguns direitos, também fundamentais, constitucionalmente protegidos, nomeadamente o direito de informar». Destacam ainda o novo nº 6 do artigo 89º que, de uma forma indirecta, ao «abrir» a publicidade do processo findo o prazo do inquérito (ou no máximo três meses após o fim do prazo), vem fixar limites temporários à duração do inquérito sem que se conheça qualquer reflexão tendente a responder às possíveis consequências de uma tal inovação.

---

[83] Disponível em www.aspj.pt (acedido em Outubro de 2009).

O segredo de justiça hoje

Ao contrário da última proposta de revisão aprovada, o artigo 371º do Código Penal acabou por sofrer transformações, tendo o nº 1 agora esta redacção: «*Quem, independentemente de ter tomado contacto com o processo, ilegitimamente der conhecimento, no todo ou em parte, do teor de acto de processo penal que se encontre coberto por segredo de justiça, ou a cujo decurso não for permitida a assistência do público em geral, é punido com pena de prisão até dois anos ou com pena de multa até 240 dias, salvo se outra pena for cominada para o caso pela lei de processo*».

A alteração reside no «independentemente de ter tomado contacto com o processo». Tal como atrás referimos, esta alteração terá consequências objectivas para o jornalismo, pois a lei vem desvalorizar o facto de ter havido ou não contacto com o processo, que antes salvaguardava o jornalista.

Mas foi a revisão do Código de Processo Penal que procedeu a um maior número de alterações de fundo, entre as quais avulta a aplicação do princípio da publicidade a todas as fases do processo penal. Ao contrário da anterior redacção, cuja norma legal preceituava que o processo penal era público, a partir da decisão instrutória ou, se a instrução não tivesse lugar, até ao momento em que ela já não pudesse ser requerida, nos termos do art. 86º, nº 1 do CPP, em vigor, o processo penal é público, ressalvadas as excepções previstas na lei. Tendo em conta as grandes alterações, transcrevemos no anexo 3 todo o artigo 86º, sobre a publicidade do processo e segredo de justiça.

A publicação de escutas telefónicas

Nos últimos anos, a comunicação social tem divulgado, com alguma frequência, o teor de escutas telefónicas interceptadas em vários processos mediáticos, como o caso "Portucale"[84], o caso do "Serial killer

---

[84] Caso de alegado tráfico de influências entre os proprietários de uma herdade do Grupo Espírito Santo e o Governo, para conseguir a autorização de abate de sobreiros com o objectivo de construir um empreendimento turístico. As escutas publicadas eram de conversas entre o Ministro do Ambiente, Nobre Guedes, Abel Pinheiro, responsável pelas finanças do CDS, e Vítor Neves, do Grupo Espírito Santo (2005).

de Santa Comba Dão"[85], o processo "Casa Pia" ou o "Apito Dourado". Ainda está na memória de todos a transcrição do comentário furioso de Ferro Rodrigues a António Costa sobre o segredo de justiça (caso "Casa Pia") ou da conversa sobre a "fruta" (prostituição) entre o empresário de futebol, António Araújo e Pinto da Costa (caso "Apito Dourado").

Em 2010, a questão da publicação das escutas telefónicas tem marcado fortemente a actualidade mediática. Com um artigo intitulado «As Escutas Proibidas», a edição de 5 de Fevereiro de 2010 do semanário *Sol* iniciou a publicação de um conjunto de escutas relacionadas com o caso "Face Oculta", onde estão a ser investigados alegados casos de corrupção e outros crimes económicos relacionados com empresas privadas e do sector empresarial do Estado.

Nessa edição, o *Sol* transcreveu extractos do despacho do juiz de instrução, António Gomes, responsável pelo caso "Face Oculta", em que este, baseado em escutas telefónicas envolvendo Armando Vara, então administrador do BCP, Paulo Penedos, assessor da Portugal Telecom (PT), e Rui Pedro Soares, administrador executivo da PT, considera haver «indícios muito fortes da existência de um plano em que está directamente envolvido o Governo, nomeadamente o primeiro-ministro, visando o controlo da estação televisiva *TVI* e o afastamento da jornalista Manuela Moura Guedes e do seu marido, José Eduardo Moniz, para controlar o teor das notícias».

Este artigo originou uma providência cautelar contra o jornal *Sol*, interposta por Rui Pedro Soares, para tentar impedir que o jornal publicasse mais escutas obtidas no âmbito do processo "Face Oculta". Esta providência cautelar não foi cumprida pelo jornal, tendo este, na edição seguinte, com um artigo intitulado «O Polvo», revelado mais pormenores sobre as escutas relativas ao alegado plano do Governo para controlar a comunicação social.

---

[85] Nas conversas interceptadas entre o cabo António Costa, o filho e o cunhado, o cabo António Costa confessa o crime de homicídio de três raparigas.

120 OS CRIMES DOS JORNALISTAS

A última revisão do Código de Processo Penal trouxe também consigo uma novidade em relação à publicação de escutas telefónicas, proibindo a divulgação de escutas telefónicas relativas a processos judiciais. Agora os jornalistas só podem publicar escutas telefónicas feitas no âmbito de investigações judiciais com a autorização dos intervenientes, mesmo que estas já não estejam em segredo de justiça.

O nº 4 do artigo 88º sublinha que «não é permitida, sob pena de desobediência simples, a publicação, por qualquer meio, de conversações ou comunicações interceptadas no âmbito de um processo, salvo se não estiverem sujeitas a segredo de justiça e os intervenientes expressamente consentirem na publicação». Se violarem a lei, os jornalistas podem ser punidos com prisão até um ano ou multa até 120 dias, como prevê a pena de desobediência simples.

A novidade legislativa não foi vista com bons olhos pela classe jornalística. O Sindicato dos Jornalistas afirmou, a 31 de Agosto de 2007, através de um comunicado[86], que é injustificada a restrição à publicação de conversações ou comunicações interceptadas no âmbito de um processo:

> «(...)*Ainda que se compreenda que o legislador terá pretendido acautelar a confidencialidade das comunicações entre pessoas, veio introduzir uma restrição injustificada, ao fazer depender a divulgação de transcrições constantes no processo do consentimento expresso dos intervenientes, seja qual for a fase em que o mesmo se encontre.*
>
> *Nos casos em que não seja obtido o consentimento exigível, os jornalistas que, após ponderada avaliação ética e profissional, considerem absolutamente indispensável a divulgação pretendida passam a enfrentar o risco de terem de demonstrar – em tribunal – o iniludível interesse público dessa decisão, caso sejam indiciados pelo crime de desobediência em resultado da divulgação não consentida.*
>
> *O Sindicato confia que os jornalistas saberão ponderar a relevância das informações na sua posse e que os tribunais não deixarão de reconhecer o interesse preponde-*

---

[86] Disponível no site do sindicato dos jornalistas: http://www.jornalistas.online.pt/noticia.asp?id=6031&idCanal=3 (acedido em Outubro de 2009).

rante que justifica a divulgação das transcrições, afastando deste modo a ilicitude da sua conduta».

Esta norma do Código de Processo Penal foi bastante destacada na imprensa portuguesa[87], evidenciando-se nas notícias publicadas que também não foi bem acolhida por entre os advogados, como se pode ler nos excertos que transcrevemos no anexo 4.

---

[87] Num artigo de opinião publicado no jornal *Expresso*, a 8 de Setembro de 2007, Henrique Monteiro, director do *Expresso*, é bastante crítico relativamente a esta nova norma:

«(...)Ora, se eu sou capaz de descortinar uma lista de escutas irrelevantes, sem outra matéria que não seja o que podemos classificar de mera coscuvilhice, posso, de igual modo, lembrar algumas cuja relevância é indiscutível. Por exemplo, as que dizem respeito à conversa entre o dono da Bragaparques, Domingos Névoa, e o irmão do vereador José Sá Fernandes, o advogado Ricardo Sá Fernandes. Nessas escutas, o modo como um empresário da construção aborda aquele que ele julga ser o intermediário de um vereador é absolutamente fantástico. A reprodução da conversa é, em si mesma, muito reveladora do modo como certos empresários julgam poder relacionar-se com as Câmaras e com o mundo político em geral. O mesmo se pode dizer de escutas que envolvem o processo 'Apito Dourado'. Na verdade, todas as célebres referências a 'fruta' e a 'café com leite' só se entendem no contexto de uma conversa. Por si só nada valem. (...) Embora entendendo o cuidado do legislador com a privacidade dos cidadãos, preferiria que aos tribunais fosse deixada mais latitude na decisão de avaliar quando foi – e não foi – lícito publicar escutas. A proibição total é demasiado drástica. E, como costuma dizer-se, deita fora o bebé com a água do banho».

No mesmo dia este novo preceito era também comentado por Miguel Sousa Tavares (2007), no jornal *Público*, ressalvando no entanto uma opinião contrária:

«(...)A questão seguinte é saber se as escutas devem ou não estar compreendidas nessa reserva onde o direito à informação não pode prevalecer sobre outros valores, igualmente protegidos constitucionalmente, como o direito à intimidade da vida pessoal e familiar. Eu acho que sim. (...)Vivemos, como todos sabem, sob a lei do faz-de-conta. São escutados inocentes e culpados – talvez cinco inocentes por cada culpado; são enviadas para os jornais todas as escutas que interessa divulgar; e são mantidas ou divulgadas partes de escutas sobre assuntos que nada têm que ver com o que se investiga. Defender que isto continue assim é preconizar a continuação de dois males: a devassa da vida íntima de cada um como prática aceitável e habitual; e a incompetência investigatória como fatalidade a estimular. Muito gostaria de saber o que pensariam os defensores desta "liberdade de informação" no dia em que acordassem e lessem a transcrição de uma sua conversa nos jornais, sem que fossem suspeitos de crime algum: apenas o 'crime' de serem suspeitos pelo facto de terem sido escutados».

122 OS CRIMES DOS JORNALISTAS

Processo Casa Pia: 57 jornalistas no banco dos réus por violação do segredo de justiça

Ao longo do período de inquérito[88] (que terminou a 29 de Dezembro de 2003, tendo-se prolongado por mais de um ano) e da instrução (ambos em segredo de justiça) do processo "Casa Pia", as fugas de informação eram diárias, provocando a divulgação, pela maioria dos meios de comunicação portugueses, de pormenores do caso, e com isso inúmeras violações do segredo de justiça[89].

Ao longo deste período, em vários comunicados[90], a Procuradoria--Geral da República lamentou a violação do segredo de justiça, apelando à responsabilização dos jornalistas e à necessidade de modificar a lei. No início do ano de 2004, o então Procurador-Geral da República, Souto Moura, mandou instaurar um inquérito para averiguar as alegadas violações do segredo de justiça por parte dos jornalistas portugueses nas notícias sobre o processo "Casa Pia", acabando o Ministério Público por constituir como arguidos mais de 50 jornalis-

---

[88] Este caso teve início a 23 de Novembro de 2002, quando uma reportagem da *SIC--Expresso*, assinada pela jornalista Felícia Cabrita, divulgava a história de abusos sexuais nos colégios da Casa Pia, em Lisboa. A 25 de Novembro, Carlos Silvino é detido pela Polícia Judiciária e preso preventivamente, seguindo-se depois diversas detenções de figuras públicas, como Carlos Cruz e Paulo Pedroso. Só em 25 de Novembro de 2004 é que começou o julgamento deste caso, que no início de 2010 ainda continua a decorrer.

[89] Continua bem presente, na opinião pública, a agitação, no meio político, causada pelas notícias das escutas telefónicas a Ferro Rodrigues e António Costa no âmbito das investigações a Paulo Pedroso, ou das cartas anónimas anexadas ao processo que envolviam Jorge Sampaio e António Vitorino ou do álbum de fotografias mostrado às alegadas vítimas, para identificação dos suspeitos, que continha retratos de Mota Amaral, de D. José Policarpo, de Paulo Portas, de Ferro Rodrigues, de Mário Soares, de António Vitorino e de João Soares.

[90] Ao longo de todo o processo, a Procuradoria-Geral da República socorreu-se do artigo 86º, nº 9 do Código de Processo Penal que legitima que se prestem os esclarecimentos públicos, para através de notas de imprensa (disponíveis em www.pgr.pt), esclarecer várias das notícias com pormenores em segredo de justiça, que proliferavam de dia para dia. Nesses comunicados foi também, várias vezes, feito apelo à consciência deontológica dos jornalistas (acedido em Outubro de 2009).

tas e direcções editoriais dos principais órgãos de comunicação social portugueses.

A primeira decisão judicial (25 de Janeiro de 2006) sobre estes casos foi a do Tribunal de Instrução Criminal de Lisboa, que decidiu arquivar as acusações contra 19 jornalistas (relativamente a notícias publicadas em 2003) do *Correio da Manhã*, do *Diário de Notícias*, do *24 Horas* e do *O Independente*. O despacho de não pronúncia reconhecia que «os arguidos não extravasaram o âmbito do exercício dos direitos que lhes assistem na qualidade de jornalistas (liberdade de expressão e de divulgação)», sublinhando também o facto de não ser dito na acusação, «que as notícias publicadas tenham posto em causa a presunção de inocência dos arguidos ou tenham posto em causa a investigação ou a preservação dos meios de prova».

O Ministério Público recorreu para o Tribunal da Relação de Lisboa, mas, em Dezembro de 2007, este tribunal confirmou o arquivamento do processo, afirmando que «das notícias que fazem o corpo deste processo não podemos concluir que os arguidos tivessem tido contacto com o processo».

Também o Tribunal Judicial da Comarca de Oeiras decidiu, no dia 27 de Março de 2006, não pronunciar 22 jornalistas – seis da revista *Visão*, um da *Grande Reportagem*, um da revista *Lux*, cinco do semanário *Expresso*, três da *SIC* e seis da *TVI*.

Diferente foi a decisão do Tribunal de Instrução Criminal do Porto (16 de Março de 2006), que levou a julgamento 16 jornalistas, dos quais nove do jornal *Público* (a direcção editorial, composta por José Manuel Fernandes, Nuno Pacheco, Manuel Carvalho, Daniel Deusdado e Eduardo Dâmaso, e os jornalistas Luciano Alvarez, António Arnaldo Mesquita, Maria José Oliveira e Nuno Sá Lourenço) e sete do *Jornal de Notícias* (a direcção editorial composta por David Pontes, Alfredo Leite, José Leite Pereira e António José Teixeira, e os jornalistas Tânia Laranjo, Carlos Tomás e Manuel Vitorino).

Apesar de os jornalistas terem alegado que não tinham tido acesso directo a peças processuais, no despacho de pronúncia era considerado que ao escreverem sobre o processo estavam a dar um conhecimento ilegítimo, lendo-se no acórdão que «o inciso ilegitimamente quer significar o dar-se conhecimento do conteúdo do acto processual sujeito a segredo de justiça e não que é necessário provar-se o contacto do agente com o processo para que se perfectibilize o crime».

Este processo[91], que começou a ser julgado no dia 6 de Fevereiro de 2007, na 1.ª Vara Criminal do Porto, terminou a 13 de Junho de 2007, com a absolvição dos 16 jornalistas acusados de violação do segredo de justiça na cobertura do caso "Casa Pia".

Embora tenha concluído que os jornalistas cometeram o crime de violação de segredo de justiça, pois agiram sabendo que as peças processuais em que basearam os seus artigos estavam abrangidas pelo segredo de justiça, o colectivo de juízes decidiu absolver todos os jornalistas envolvidos neste processo por não ter ficado provado a existência de dolo. Os jornalistas tinham um entendimento erróneo da lei, mas um erro «que se concluiu ser desculpável», pois «ao tempo em que os factos ocorreram, mais que hoje mas ainda actualmente, grassava entre os jornalistas e, podemos dizer até em larga franja da própria comunidade judiciária, o entendimento de que estes, não sendo intervenientes processuais, não acedendo às fontes de modo fraudulento, não cometeriam o crime de violação de segredo de justiça».

3.7. Outros crimes que podem ser cometidos através da imprensa

Embora a maioria dos processos criminais contra jornalistas seja de crimes de difamação, devassa da vida privada, gravações e fotografias ilícitas e violação de segredo de justiça, há uma grande diversidade de crimes que podem ser cometidos através da comunicação social. Devido à sua pouca ou mesmo nula frequência, fazemos apenas, no anexo 5, uma enumeração dos excertos legais deste tipo de delitos.

---

[91] Processo nº 3960/05.1 TDPRT.

CAPÍTULO 4

INVESTIGAÇÃO EMPÍRICA

O caso "Freeport", em que o primeiro-ministro José Sócrates instaurou, em Abril de 2009, nove processos contra jornalistas (cinco da *TVI*, três do *Público* e um do *Diário de Notícias*) trouxe os processos judiciais ligados à liberdade de imprensa para a ordem do dia. Muito se tem falado deste tipo de processos, da sua pertinência e coerência e dos reais motivos de quem os instaura, mas a verdade é que há muito pouca informação consolidada e de fácil acesso sobre este tipo de processos judiciais.

Na verdade, pudemos constatar que há um vazio estatístico em relação a esta matéria. As instituições ligadas à comunicação social, como por exemplo, a Entidade Reguladora para a Comunicação Social (ERC) ou o Sindicato dos Jornalistas, acompanham alguns dos casos, mas não têm essa informação compilada e tratada.

As únicas estatísticas sobre os processos judiciais de crimes de imprensa que conseguimos obter foram fornecidas pelo Ministério da Justiça (que sintetizámos no gráfico 1), mas que não têm qualquer realismo, pois apenas contabilizam os crimes de imprensa que são registados pelas autoridades policiais (PJ, PSP, Polícia Marítima, GNR) e neste tipo de processos a maioria das denúncias é agora feita junto do Ministério Público. Neste sentido, seria expectável que esses dados fossem disponibilizados pelo Ministério Público, mas contactada a Procuradoria-Geral da República foi-nos indicado, por escrito, que não existem mais nenhuns dados adicionais aos enviados pelo Ministério da Justiça.

Por oposição à situação que se verifica neste domínio em Portugal, em que a informação sobre os processos relativos a crimes cometidos através da imprensa está dispersa e não sistematizada, destacamos o exemplo dos Estados Unidos da América, onde o *Media Law Resource Center* (MLRC), organização não governamental e sem fins lucrativos, monitoriza a actividade dos media no que diz respeito aos crimes de imprensa e a outras questões legais.

GRÁFICO 1 – **Crimes de imprensa registados pelas autoridades policiais, nos anos de 1993 a 2007**

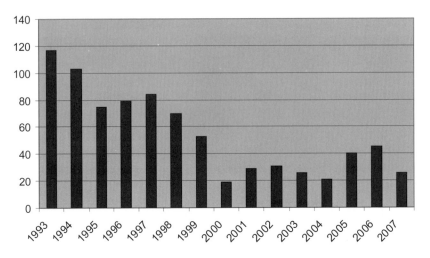

Fonte: Direcção de Serviços de Estatísticas da Justiça e Informática do Ministério da Justiça

    Esta organização publica regularmente, desde 1980, um relatório anual com um amplo conjunto de informações estatísticas sobre as acções movidas contra órgãos de comunicação social. A partir destes relatórios, restritos aos seus associados, são extraídos comunicados de imprensa de livre acesso na sua página na Internet[92], que revelam, nomeadamente, o número de processos ganhos pelos seus proponentes e pelos media, o número de processos em que se chega a um acordo e em que fase se verifica, a indemnização média nos casos de condenação e outros dados relevantes para a percepção da evolução da litigância contra os media.

    O ponto de partida desta investigação foi precisamente a escassez de informação relativa aos processos judiciais instaurados aos jornais portugueses ou aos seus jornalistas. O objectivo deste trabalho empírico é analisar e caracterizar a evolução dos processos judiciais, maio-

---

[92] www.medialaw.org (acedido em Outubro de 2009).

ritariamente criminais, contra a imprensa portuguesa e assim traçar os contornos empíricos das situações de conflitualidade do jornalismo com a lei.

Quantos processos são instaurados, em média por ano, aos principais jornais diários em Portugal? Que tipo de processos são? A quase totalidade dos processos criminais contra jornalistas resulta de crimes contra a honra e contra a reserva da vida privada, como defende Arons de Carvalho (Carvalho *et al*, 2003:196), ou o leque de crimes é mais diversificado?

Que tipo de pessoas/entidades instauram este tipo de processos? Essencialmente «os titulares de cargos públicos em posições de liderança e outras figuras públicas, particularmente expostas pelo seu protagonismo sistémico, que as torna especialmente significativas e marcantes da história do tempo, tanto em termos absolutos, como em termos relativos, permanentes ou temporários» (Machado, 2002:803--804) ou não há nenhum grupo predominante?

Qual o desfecho destes processos? A liberdade de expressão perde ou ganha mais vezes em relação a outros direitos fundamentais também consagrados na Constituição da República Portuguesa? Será que o que se verifica é que «a jurisprudência nacional, no solucionamento do conflito entre o direito à honra e à reputação e o direito à liberdade de expressão, tem-se, maioritariamente, inclinado a favor do primeiro» (Simões, 2008:102) ou aquilo que defende Ribeiro (2001:96), de que «as mais modernas orientações doutrinárias e jurisprudenciais vão no sentido de que, em caso de conflito insanável, entre o direito à informação e o direito à honra, deve dar-se prevalência ao primeiro»?

Que penas são aplicadas aos jornalistas? Qual o valor das indemnizações? Qual a duração deste tipo de processos?

Antes de partir em busca destas respostas, vejamos brevemente o que os dados americanos nos dizem. O relatório do *Media Law Resource Center* de 2008, que agrega informação sobre os processos finalizados durante o ano de 2007, reporta que este foi o período com o menor número de sentenças neste âmbito, desde 1980, sendo esta uma continuação da tendência verificada nos últimos anos. Refira-se, a título de exemplo, que o número médio de crimes julgados por ano na década de 1980 foi de 24, número que baixou para 23 na década de 1990 e reduziu substancialmente para uma média inferior a 12 nos anos entre 2000 e 2007.

Outra tendência a salientar refere-se à percentagem cada vez menor de acções ganhas pelos seus proponentes e uma proporção crescente de processos ganhos pelas empresas de media. Desde 1980 até ao último relatório publicado relativo ao ano de 2007, foram favoráveis aos media 55,9% dos processos (318 de um total de 569), se considerarmos para esta métrica as acções que foram concluídas sem quaisquer danos ou sanções após o julgamento e eventuais recursos.

Menos de 20% das acções (111 de 569) foram totalmente ganhas pelos seus proponentes, o que significa que o valor da indemnização reivindicado inicialmente foi integralmente acolhido na sentença final do processo, embora adicionalmente em cerca de 7,4% dos casos (42 de 569) tenham obtido vitórias parciais pelo facto do veredicto final implicar uma compensação inferior à inicialmente solicitada.

Verificaram-se ainda acordos em 13,2% dos casos (75 em número absoluto) dos quais em quase 63% se estabeleceram apenas após a sentença, mas antes de qualquer recurso. Uma conclusão curiosa prende-se com o facto de se estabelecerem consideravelmente menos acordos quando o processo é movido por um membro de um órgão público do que em acções em que estão em causa pessoas com actividade privada.

No entanto, a indemnização média nos casos em que o meio de comunicação social é condenado apresenta uma tendência crescente (embora seja relativamente irregular fruto dos casos específicos verificados em cada ano). Na década de 1980, a indemnização média sentenciada foi de 1,5 milhões de dólares, valor esse que subiu, na década de 1990, para quase 5 milhões de dólares, fruto de uma "mega-condenação" (222,7 milhões no caso *MMAR Group, Inc. versus. Dow Jones & Co., Inc.*,) ou cerca de 2,9 milhões, se excluirmos o efeito excessivo deste caso. Entre 2000 e 2007, a indemnização média cifrou-se em 2,3 milhões de dólares. Esta tendência é ainda mais evidenciada se analisarmos a percentagem de condenações que implicam indemnizações superiores a 1 milhão. Na década de 1980 representavam apenas 21,8%, nos anos 90 subiram para 30% e desde 2000 correspondem a 37,8% das indemnizações.

São, portanto, dados de que podemos partir para uma análise da situação no nosso país.

4.1. Metodologia da investigação

A investigação empírica, a que neste capítulo procedemos, centrou-se no estudo de caso dos processos judiciais instaurados ao jornal *Público*. Sendo este um dos principais jornais de referência em Portugal, entendemos que seria interessante e inovadora uma análise com base na informação recolhida e sistematizada directamente a partir dos processos instaurados ao jornal e aos seus jornalistas. O *Público* ofereceu-nos, assim, a oportunidade para traçar um quadro quantitativo e estatístico dos processos que analisámos, o que nos leva, desde já, a registar a abertura do jornal à investigação e ao escrutínio público.

Naturalmente que uma investigação centrada apenas neste jornal não pretende ser representativa da realidade da imprensa portuguesa, podendo apenas ser tomada como estudo de caso. Apesar disso, procurámos enquadrar esta investigação específica num quadro mais geral do cenário português dos processos judiciais contra os media. Para isso, a investigação quantitativa aos processos do jornal *Público* foi completada com uma metodologia qualitativa: entrevistas aos advogados que representam os principais grupos de media com títulos portugueses diários: André Fontinha Raposo, da Sociedade de Advogados Luís Barros de Figueiredo, Sofia Louro & Associados , que representa o grupo Global Notícias, detentor do *Diário de Notícias, Jornal de Notícias, 24 Horas, O Jogo, Jornal do Fundão e TSF* ([E1]-anexo 6); e Martim Menezes, da sociedade de Advogados Carlos Cruz & Associados, que representa o grupo Cofina, detentor do *Correio da Manhã, Jornal de Negócios, Revista Sábado, Record, Revista TV Guia e Revista Flash* ([E2]-anexo7). A mesma entrevista foi também feita a Francisco Teixeira da Mota, advogado que representa o jornal *Público* ([E3]- anexo 8). Estas entrevistas servir-nos-ão como base para desenhar um quadro geral das questões abordadas quantitativamente, tal como é traçado pelos diferentes advogados dos diferentes grupos. Ainda que correspondendo a uma percepção muito própria destes profissionais da advocacia, pensamos que a sua ampla experiência destes casos nos permite traçar

130 OS CRIMES DOS JORNALISTAS

grandes quadros da situação global dos media no que toca às variáveis de análise estudadas para o caso do *Público*.

No que diz respeito ao estudo quantitativo dos processos instaurados ao jornal *Público* e aos seus jornalistas, a análise cobre um período de quatro anos, dividido em dois períodos, com uma separação temporal de uma década – 1994 e 1995 e 2004 e 2005 – o que totalizou um *corpus* de 44 processos judiciais. Este universo corresponde à totalidade dos processos, interpostos neste período, que já tenham sido encerrados, isto é, em que o seu desfecho já seja conhecido. Esta metodologia permite-nos obter dados completos e finais em relação a todas as variáveis em apreço, permitindo também a sua comparação.

A escolha do referido intervalo temporal teve como objectivo, por outro lado, tentar perceber se as transformações que se fizeram sentir no jornalismo português nos últimos anos tiveram, ou não, consequências no tipo de processos judiciais instaurados. Mesmo não sendo possível nem desejável fazer análises de tipo imediatamente causal, pensamos que os contextos das transformações referidas nos primeiros capítulos podem ajudar-nos a compreender os dados obtidos.

Por fim, tendo em conta a morosidade dos processos, a escolha do ano de 2005 como limite para a análise prende-se com a opção de observarmos o desfecho dos casos, o que não seria possível se a análise recaísse nos últimos anos.

A análise da amostra, os 44 processos judiciais, foi feita através da consulta directa dos próprios processos, facultados pelo escritório de advogados que representa o jornal *Público*.

Os dados recolhidos foram trabalhados a partir de 12 variáveis e tratados pelo programa estatístico SPSS (Statistical Package for Social Sciences).

O estudo foi baseado na análise das seguintes variáveis:

Variável 1 – «Natureza de processo»

Variável 2 – «Tipo de processo»

Variável 3 – «Início do processo»

Variável 4 – «Pedido de direito de resposta»

Variável 5 – «Arguidos»

Variável 6 – «Acusação»

Variável 7 – «Pedidos de indemnização»

Variável 8 – «Valores dos pedidos de indemnização»

Variável 9 – «Fase de desfecho do processo»

Variável 10 – «Desfecho do processo»

Variável 11 – «Fim do processo»

Variável 12 – «Duração do processo».

De seguida, explicamos o que entendemos por cada uma destas variáveis.

A variável 1 – «Natureza de processo» – permite-nos catalogar se os processos judiciais instaurados aos jornalistas são da área penal ou civil.

A variável 2 – «Tipo de processo» – tem como objectivo identificar os principais tipos de processo de que os jornalistas são acusados, diferenciando os processos-crime (difamação, crime de ofensa a pessoa colectiva, crime de ofensa à memória de pessoa falecida, violação de segredo de justiça) e os processos cíveis.

A variável 3 – «Início do processo» – visa quantificar os processos iniciados em 1994, em 1995, em 2004 e em 2005, permitindo deste modo avaliar a evolução da quantidade e tipologia dos processos ao longo do tempo.

Com a variável 4 – «Pedido de direito de resposta» – pretende-se averiguar se as pessoas ou entidades que instauram processos aos media, costumam ou não utilizar o seu direito de resposta, direito garantido pela Constituição da República Portuguesa, que define que «a todas as pessoas, singulares ou colectivas, é assegurado, em condições de igualdade e eficácia, o direito de resposta e de rectificação, bem como o direito a indemnização pelos danos sofridos» (artigo 37º), e pela Lei de Imprensa (artigos 24º a 27º).

Com a variável 5 – «Arguidos» – procura-se saber a quem é que objectivamente os processos são instaurados, se ao próprio jornalista, ao director ou ao jornal (empresa).

A variável 6 – «Acusação» – identificará o tipo de pessoas ou entidades que instauram processos judiciais ao jornal *Público* (políticos locais, membros do Governo, personalidades públicas, empresas, titulares de cargo de administração/gestão de instituição/organismo público, titulares de cargo de administração/gestão de instituição/organismo privado, cidadão/ã individual; Ministério Público etc.).

A variável 7 – «Pedidos de indemnização» – permitirá descobrir com que frequência é que a acusação pede indemnizações pelos alegados danos causados. Esta informação será completada com a variável 8 – «Valores dos pedidos de indemnização», que contabilizará os valores das indemnizações, nos processos em que estas são requeridas.

Com a variável 9 – «Fase de desfecho do processo» – pretendemos identificar qual é a fase predominante em que estes processos encerram. Se é no inquérito, na instrução ou se chegam a julgamento.[93]

A variável 10 – «Desfecho do processo» – vai permitir concluir qual o desfecho destes processos. Qual a percentagem dos processos arquivados e qual a percentagem dos processos que chegam a julgamento? E dos que chegam a julgamento, perceber se predominam as absolvições ou as condenações.

Por fim, a variável 11 – «Fim do processo» – permite identificar o ano de conclusão do processo, que vai permitir juntamente com a variável

---

[93] O inquérito é a fase que compreende o conjunto de diligências que visam investigar a existência de um crime, determinar os seus agentes e a responsabilidade deles e descobrir e recolher as provas, em ordem à decisão sobre a acusação (Artigo 262º CPP). A direcção do inquérito é da responsabilidade do Ministério Público, assistido pelos órgãos de polícia criminal. O Ministério Público encerra o inquérito, arquivando-o ou deduzindo acusação, nos prazos máximos de seis meses, se houver arguidos presos ou sob obrigação de permanência na habitação, ou de oito meses, se os não houver (Artigo 276º CPP).

A fase da instrução, que tem carácter facultativo, tem como finalidade a comprovação judicial da decisão de deduzir acusação ou de arquivar o inquérito em ordem a submeter ou não a causa a julgamento. Se, até ao encerramento da instrução, tiverem sido recolhidos indícios suficientes de se terem verificado os pressupostos de que depende a aplicação ao arguido de uma pena ou de uma medida de segurança, o juiz, por despacho, pronuncia o arguido pelos factos respectivos; caso contrário, profere despacho de não pronúncia (Artigo 308º CPP).

«Início do processo», traçar a variável 12 – «Duração do processo» –, identificando assim a duração por anos de cada processo.

4.2. Análise e interpretação dos dados empíricos

4.2.1. O estudo de caso do jornal *Público* e o contexto global

Antes de iniciarmos a análise dos dados quantitativos recolhidos junto do jornal *Público* deveremos referir que, de acordo com os advogados que representam os principais grupos de media com títulos portugueses diários, o número de processos judiciais contra os meios de comunicação social, que são na sua maioria processos criminais, tem aumentado nos últimos anos em Portugal. Na verdade, esta tendência corrobora a nossa ideia de que os dados estatísticos disponibilizados pelo Ministério da Justiça, atrás representados em gráfico, que mostram um decréscimo deste tipo de processos, não correspondem objectivamente à realidade.

No caso do jornal *Público*, no entanto, e como se constata dos dados quantitativos abaixo apresentados e que Francisco Teixeira da Mota confirma, vemos uma tendência oposta: «Em relação ao jornal *Público* estes processos, quer criminais, quer cíveis, têm diminuído. Acho que hoje em dia, entram menos processos contra o *Público* do que há dez anos», explica Teixeira da Mota [E3].

Já no caso do grupo Cofina, este aumento é muito significativo, pois, como frisa Martim Menezes [E2], «anteriormente o grupo Cofina tinha 50 processos por ano e agora tem, no mínimo, 400».

O que pode justificar este aumento de litigiosidade? Para este advogado, o crescimento deste tipo de processos está relacionado com três realidades que surgiram nos últimos anos: «o aparecimento de muitos processos mediáticos (por exemplo, o caso "Casa Pia", em que o *Correio da Manhã* terá sido demandado em mais de 50 processos), o aparecimento em toda a imprensa (generalista) de revistas/cadernos do tipo imprensa "cor-de-rosa" e a própria actuação e doutrina da Entidade Reguladora para a Comunicação Social, que contribui em muito para o aumento de processos».

Para André Fontinha [E1], o aumento do contencioso deste tipo de processos em Portugal está muito relacionado com a «mentalidade do "respeitinho é lindo e eu gosto"», pois «logo que há uma notícia que não é abonatória, os portugueses instauram um processo como forma de defesa, para poder dizer: "Não é verdade, até já meti um processo ao jornalista"».

Além disso, o advogado considera que o elevado número de processos se deve à própria lei processual, pois o facto de serem considerados como crimes particulares, cujo seguimento do processo depende da acusação do ofendido e não do Ministério Público, faz com que não haja «um controlo efectivo da acusação que é feita». Na sua opinião, estes crimes não deveriam ser considerados particulares, mas sim «crimes em que o Ministério Público pudesse controlar, para que houvesse um filtro daqueles que efectivamente têm condições para ir a julgamento. Há imensos processos que não fazem qualquer sentido. Podemos dizer que 60 por cento dos processos instaurados ao grupo ficam resolvidos na instrução».

As próprias transformações que se operaram no jornalismo e na justiça, nos últimos anos, são também dois factores que podem explicar este aumento de litigiosidade. A forte concorrência entre os jornais é uma das causas apontadas, pois o jornalismo torna-se «mais agressivo» e, consequentemente, «há mais litigiosidade».

A mediatização da justiça é outra das razões que pode explicar esta situação, pois como explica André Fontinha Raposo [E1], a mediatização da justiça, além da violação do segredo de justiça, tem um grande peso a título difamatório: «Os jornais passaram a ter um grande interesse pela área da justiça, quer em casos que envolvem figuras públicas, quer em casos de particulares (o tio que violou a sobrinha ou o namorado que matou a namorada, etc.), o que motiva o aparecimento de vários processos, pois as pessoas sentem-se difamadas».

Martim Menezes [E2] reforça também esta ideia, afirmando que o primeiro caso verdadeiro que o grupo teve de violação de segredo de justiça foi com o processo "Casa Pia": «Havia de vez em quando um processo de segredo de justiça, mas nunca por acusação. Havia uma notificação para tentar apurar quem era a fonte do jornalista, como é que o jornalista teve acesso à informação, mas que acabava por ser sempre arquivada porque o jornalista invocava o seu sigilo profissional. Com esta mediatização, as pessoas visadas sentem-se ofendidas e instauram processos de violação de segredo de justiça (como por exemplo, no caso "Maddie", em que temos dois ou três processos, e no caso "Apito Dourado")».

Vejamos, então, o que os dados numéricos, no caso específico do *Público*, nos dizem.

4.2.2. Análise e enquadramento das variáveis

Natureza do Processo

A quase totalidade dos processos instaurados ao jornal *Público* são processos penais. Dos 44 processos movidos contra o jornal, nos quatro anos de análise, 41 são processos-crime e apenas três são processos cíveis, de direito ao bom nome.

Quadro 1 – Estudo de caso do jornal *Público*: Natureza do Processo

	Frequência	%
Penal	41	93,2
Civil	3	6,8
Total	44	100,0

Tipos de Crime

Globalmente, o principal tipo de crime de que o jornalista de imprensa é acusado é, de acordo com os nossos entrevistados, indiscutivelmente, o crime de difamação. O crime de violação de segredo de justiça, com o surgimento de um maior número de casos mediáticos na justiça, começa já a ter também alguma expressão em quase todos os títulos analisados. As entrevistas mostram-nos também que os processos de devassa da vida privada e de gravações e fotografias ilícitas são instaurados essencialmente aos jornais tablóides, como os jornais *Correio de Manhã* e *24 Horas*, e às revistas "cor-de-rosa", não havendo indicação da existência deste tipo de processos nos jornais de referência.

O estudo de caso do jornal *Público* comprova estes elementos: a quase totalidade dos processos instaurados ao jornal *Público* são de crimes contra a honra. Dos 41 processos-crime, 34 são de difamação, correspondendo a 82,9% do total, dois relativos a crime de ofensa a pessoa falecida e um crime de ofensa a pessoa colectiva. Fora dos crimes contra a honra, apenas aparecem quatro casos de violação de segredo de justiça.

QUADRO 2 – **Estudo de caso do jornal *Público*: Tipo de Crime**

	Frequência	%
Difamação	34	82,9
Violação de segredo de justiça	4	9,8
Crime de ofensa a pessoa colectiva	1	2,4
Crime de ofensa à memória de pessoa falecida	2	4,9
Total	41	100,0

Número de processos

O número de processos instaurados a um jornal, por ano, é muito diversificado, dependendo de título para título. De acordo com André Fontinha Raposo [E1], no caso do Grupo Global Notícias, em que são instaurados, em média, 80 processos por ano (60 processos-crime e 20 processos cíveis), 40% dizem respeito ao *Jornal de Notícias* (o que corresponde a 32 processos), 40% ao jornal *24 Horas*, 10% ao

Diário de Notícias (que corresponde a oito processos) e os restantes 10% aos outros títulos do grupo (*TSF, O Jogo, Jornal do Fundão* e o extinto *Tal e Qual*).

O grupo Cofina é aquele que contabiliza um maior número de processos, com uma média de 400 processos judiciais por ano. Segundo o advogado do grupo Cofina [E2], destaca-se dentro do grupo o jornal *Correio da Manhã* com cerca de 200 processos por ano. Por ordem de grandeza de número de processos, segue-se depois o *Jornal Record*, a revista *TV Guia*, a revista *Sábado*, a revista *Flash* e o *Jornal de Negócios*.

No jornal *Público*, o número de processos pode variar entre oito e 20 processos por ano.

Como já referimos atrás, vemos que o número de processos judiciais contra o jornal *Público* apresenta uma tendência decrescente. O ano que apresenta um maior número de processos é o ano de 1994, com 18 processos, tendo os outros três anos registado apenas entre oito e dez processos. É ainda de salientar que nos dois anos analisados na década de noventa registaram-se 59,1% dos casos.

Embora não tenham sido contemplados na análise por uma questão de metodologia, como atrás referimos, o ano de 2004 contabiliza ainda quatro processos abertos e o ano de 2005 tem também três ainda em desenvolvimento. No entanto, mesmo contabilizando estes processos, cujo desfecho não é conhecido, a tendência continua a ser a mesma.

QUADRO 3 – **Estudo de caso do jornal *Público*: Início do Processo**

	Frequência	%	% acum.
1994	18	40,9	40,9
1995	8	18,2	59,1
2004	10	22,7	81,8
2005	8	18,2	100,0
Total	44	100,0	

138   OS CRIMES DOS JORNALISTAS

No caso do jornal *Público*, podemos também analisar a evolução temporal do tipo de processos com que o jornal se defronta. Ao analisarmos o tipo de processos por ano, conclui-se que o crime de violação de segredo de justiça aparece essencialmente nos anos de 2004 e 2005, havendo apenas um caso em 1994. Por sua vez, os processos cíveis aparecem todos (os três casos) na década de noventa.

Este facto de o segredo de justiça ter uma maior expressão nos anos 2004 e 2005 mostra, como vimos no Capítulo I, que as questões relacionadas com a justiça, essencialmente os processos criminais, têm cada vez mais peso informativo, o que tem provocado consequentemente um aumento da violação de segredo de justiça. Uma ideia também corroborada, como já se viu atrás, pelos nossos entrevistados.

QUADRO 4 – Estudo de caso do jornal *Público*: Tipo de Processo por ano

		Início do Processo				Total
		1994	1995	2004	2005	
Tipo de Processo	Difamação	14	7	7	6	34
	Violação de segredo de justiça	1	0	2	1	4
	Crime de ofensa a pessoa colectiva	0	0	0	1	1
	Crime de ofensa à memória de pessoa falecida	1	0	1	0	2
	Processo Civil – Direito ao bom nome	2	1	0	0	3
Total		18	8	10	8	44

Utilização do direito de resposta

No geral, os nossos entrevistados referem que as pessoas que instauram processos judiciais contra os media muito raramente utilizam antes o direito de resposta. Por sua vez, como sublinha Teixeira da Mota [E3], «quem recorre ao direito de resposta raramente intenta o processo judicial», apesar de no direito de resposta afirmarem «que o fazem sem prejuízo do recurso às vias judiciárias, normalmente não o fazem».

Independentemente dos processos, o que se verifica, uma vez mais na percepção dos entrevistados, é que tem havido um aumento exponencial da utilização do direito de resposta. Tendo em conta o avultado número, os jornais pedem pareceres aos advogados para confirmar se os textos cumprem ou não os requisitos legais[94], para assim poderem decidir se são publicados.

No caso do Grupo Global Notícias, relativamente ao *Diário de Notícias e ao Jornal de Notícias*, os advogados dão «uma média, por ano, de 70 pareceres»; no caso do jornal *24 Horas* não são dados pareceres, porque este jornal «publica todos os pedidos de direito de resposta». No grupo Cofina, são dados quatro ou cinco pareceres de direitos de resposta por semana. Também o advogado do jornal *Público* sublinha que quase todas as semanas dá pareceres sobre se os pedidos de direito de resposta cumprem os requisitos legais e se devem ou não ser publicados.

Os dados do *Público* confirmam que a grande maioria das pessoas ou entidades que instaurou processos ao jornal *Público* não recorreu previamente ao seu direito de resposta. De todos os processos, apenas em dois este direito foi utilizado.

---

[94] A Lei de imprensa, no seu 25º, define que:

1 – O direito de resposta e o de rectificação devem ser exercidos pelo próprio titular, pelo seu representante legal ou pelos herdeiros, no período de 30 dias, se se tratar de diário ou semanário, e de 60 dias, no caso de publicação com menor frequência, a contar da inserção do escrito ou imagem.

2 – Os prazos do número anterior suspendem-se quando, por motivo de força maior, as pessoas nele referidas estiverem impedidas de fazer valer o direito cujo exercício estiver em causa.

3 – O texto da resposta ou da rectificação, se for caso disso, acompanhado de imagem, deve ser entregue, com assinatura e identificação do autor, e através de procedimento que comprove a sua recepção, ao director da publicação em causa, invocando expressamente o direito de resposta ou o de rectificação ou as competentes disposições legais.

4 – O conteúdo da resposta ou da rectificação é limitado pela relação directa e útil com o escrito ou imagem respondidos, não podendo a sua extensão exceder 300 palavras ou a da parte do escrito que a provocou, se for superior, descontando a identificação, a assinatura e as fórmulas de estilo, nem conter expressões desproporcionadamente desprimorosas ou que envolvam responsabilidade criminal, a qual, neste caso, bem como a eventual responsabilidade civil, só ao autor da resposta ou da rectificação podem ser exigidas.

QUADRO 5 – Estudo de caso do jornal *Público*: Pedido de direito de resposta

	Frequência	%
Sim	2	4,5
Não	42	95,5
Total	44	100,0

Parece-nos também de referir, neste aspecto específico, que o aumento significativo dos pedidos de direito de resposta tem provocado também o aumento de recursos para a Entidade Reguladora para a Comunicação Social (ERC).

Na nota justificativa da directiva 2/2008[95] sobre a publicação de textos de resposta e de rectificação na imprensa, publicada a 12 de Novembro de 2008, o Conselho Regulador da ERC evidenciava este incremento de litigiosidade: «Entre os dias 1 de Janeiro e 12 de Novembro de 2008, foram aprovadas, pelo Conselho Regulador, e publicadas no *website* da ERC, noventa deliberações motivadas por recursos com fundamento na denegação ou no cumprimento deficiente dos direitos de resposta e de rectificação por parte de publicações periódicas. Nos primeiros seis meses do presente ano, foi largamente ultrapassado o total de deliberações, relativas a esses direitos, aprovadas pelo Conselho ao longo de todo o ano 2007 (44 deliberações) e excedeu-se quase pelo dobro o número total de deliberações, sobre a mesma temática, aprovadas ao longo de todo o ano 2006 (37 deliberações). Caso fossem contabilizados os recursos tratados mediante informação administrativa, o número total de casos multiplicar-se-ia de forma significativa».

Quando o jornal se recusa a publicar o direito de resposta, as pessoas recorrem para a ERC que delibera se o jornal deve ou não publicar. Caso o jornal se recuse a aceitar a decisão da ERC ficará sujeito «ao pagamento de uma quantia pecuniária a pagar por cada dia de atraso

---

[95] Disponível no site da ERC: www.erc.pt (acedido em Outubro de 2009).

no cumprimento, contado da data da sua entrada em vigor», que no caso de um jornal é de 500 euros diários (artigo 72º dos estatutos[96] da ERC). Uma nova situação que faz com que os jornais comecem agora a recorrer das decisões da ERC para o Tribunal Administrativo.

Arguidos

Os processos judiciais contra o jornal *Público* são instaurados, na maioria das vezes, ao jornalista e ao director, em simultâneo (61,4%). Apenas 13,6% dos processos são só contra o jornalista e 6,8% só contra o director. Em 9,1% dos casos os arguidos são o jornalista, o director e a empresa.

O agregado de todos os casos que envolvem o jornalista na acusação totaliza 86,4%. E usando uma métrica semelhante para todos os casos que envolvem o director do jornal, o valor total obtido é de 81,8%, o que significa que estes são os dois principais alvos dos processos. Pelo contrário, a empresa detentora do jornal, apenas é envolvida em 18% dos casos.

QUADRO 6 – **Estudo de caso do jornal *Público*: Arguidos**

	Frequência	%	% acum.
Jornalista	6	13,6	13,6
Jornalista e director	27	61,4	75,0
Jornalista, director e empresa	4	9,1	84,1
Jornalista e empresa	1	2,3	86,4
Director	3	6,8	93,2
Director e empresa	2	4,5	97,7
Empresa	1	2,3	100,0
Total	44	100,0	

---

[96] Estatutos da ERC disponíveis em: http://www.erc.pt/index.php?op=conteudo& lang=pt&id=131&mainLevel=12 (acedido em Outubro de 2009).

Acusação

É possível concluir, pelo conjunto de entrevistas realizadas, que o tipo de pessoas ou entidades que instauram processos judiciais aos media são muito diversificadas, variando de título para título.

No caso do grupo Global Notícias, há processos de todo o tipo de pessoas e de todos os quadrantes: «no *Diário de Notícias*, só pessoas ligadas ao mundo da política (empresas do Estado, políticos); no *Jornal de Notícias* é de todos os quadrantes, mas sobretudo de particulares; no *24 Horas* também é de todos os quadrantes, com mais destaque as vedetas, os políticos e os particulares».

No caso do grupo Cofina, são sobretudo pessoas individuais, personalidades públicas e pessoas ligadas a processos mediáticos: «No *Correio da Manhã*, os processos são movidos essencialmente por pessoas individuais, políticos e vedetas e no *Jornal de Negócios* por empresas».

Ainda relativa à acusação, é de referir uma nova realidade destacada pelos advogados dos grupos de media, que é o facto de este tipo de processos serem agora instaurados por membros do Governo. «Agora também temos processos do primeiro-ministro e do presidente do Supremo Tribunal de Justiça, mas não era normal», frisa Teixeira da Mota [E3]. Mas Martim Menezes [E2] ressalva que não sabe se esta é «uma realidade que aconteceu só com o Governo de José Sócrates ou se vai passar a ser usual», pois «há cada vez mais escrutínio sobre o Governo e talvez esta seja uma forma de eles se defenderem».

No caso do jornal *Público*, a percepção do seu advogado [E3] é que os acusadores são essencialmente figuras públicas intermédias/locais (presidentes das câmaras, médicos, advogados etc.) e que «não há processos de personalidades famosas do mundo do espectáculo, porque o jornal em regra não viola a privacidade». Os dados que recolhemos confirmam que os empresários e os políticos locais são os dois grupos que mais processos instauram ao jornal *Público*. Agregando as categorias de político local com a de membro do Governo, que totalizam 20,4%, percebe-se que, no caso do *Público*, a classe política é a que mais utiliza este recurso legal, seguida de perto pelo poder económico.

QUADRO 7 – **Estudo de caso do jornal *Público*: Acusação**

	Frequência	%
Político Local	6	13,6
Membro do Governo	3	6,8
Personalidade Pública	2	4,5
Empresa/ Empresário	7	15,9
Titular de cargo de administração/gestão de instituição/ organismo público	5	11,4
Titular de cargo de administração/gestão de instituição/ organismo privado	3	6,8
Cidadão/ã individual	4	9,1
Ministério Público	3	6,8
Especialista (Professor, economista, médico, escritor…)	3	6,8
Organização da sociedade civil	2	4,5
Membros das forças de segurança (GNR, PSP, PJ)	4	9,1
Procuradoria-Geral da República	1	2,3
Juízes	1	2,3
Total	44	100,0

Pedidos de Indemnização

Embora variem de jornal para jornal e de caso para caso, o valor dos pedidos de indemnização tem vindo a aumentar nos últimos anos, com valores que alternam, em média, entre os 25.000 e os 100.000 euros, tendo, no entanto, já atingido os 500.000 euros. As entrevistas realizadas mostram que, apesar desta tendência, os montantes atribuídos pelo tribunal são sempre inferiores e como os media têm poucas condenações, os jornais acabam por gastar pouco em indemnizações.

Segundo as informações prestadas pelos advogados, o Grupo Global Notícias gasta, em média, 10 mil euros por ano. O jornal *Público* também gasta muito pouco em indemnizações. A indemnização mais alta que o jornal já pagou, e talvez das «condenações mais altas em Portugal» foi de 75 mil euros, relativa à notícia das dívidas fiscais ao Sporting (caso descrito na página 81).

Como reforça Martim Menezes [E2], os media gastam mais com os advogados e custas judiciais do que em indemnizações: «No último ano, todo o Grupo Cofina não terá gasto mais do que 50.000 euros. O valor não é significativo, mas vai subir bastante, porque a tendência é que cada vez haja mais acções cíveis, onde é mais difícil ganhar os processos».

Vejamos, então, mais detalhadamente, o caso específico do *Público*. Na maioria dos processos analisados não são feitos pedidos de indemnização. Dos 44 processos judiciais, apenas em 17 esse pedido é feito, correspondendo a 38,6% de casos com pedidos de indemnização. É, no entanto, de ressalvar que, de acordo com Francisco Teixeira da Mota [E3], advogado que representa o jornal *Público*, nos processos--crime o pedido de indemnização pode ter sido efectuado, mas se o processo for arquivado após a instrução, o pedido pode não chegar ao conhecimento do jornal.

O estudo de caso do *Público* confirma também a ideia, atrás referida, de que os montantes atribuídos pelo tribunal são sempre inferiores aos montantes pedidos pelos ofendidos. É de referir que nos três casos de condenação do jornal *Público*, os valores das indemnizações foram sempre inferiores aos montantes pedidos. Num dos casos, o pedido era de 500.000$00 e o valor foi de 200.000$00; no outro caso, o valor pedido era de 8.000.000$00 e o valor atribuído pelo tribunal foi de 1.000.000$00; no terceiro caso, o pedido foi de 8.000.000$00 e o valor atribuído foi de 10 mil euros (cerca de 2.000.000$00).

Quadro 8 – **Estudo de caso do jornal *Público*: Pedido de Indemnização**

	Frequência	%
Sim	17	38,6
Não	27	61,4
Total	44	100,0

Quadro 9 – Estudo de caso do jornal *Público*: Distribuição dos pedidos de indemnização por acusação

			Pedidos de indemnização		Total
			Sim	Não	
Acusação	Político Local	n.	1	5	6
		%	16,7%	83,3%	100,0%
	Membro do Governo	n.	1	2	3
		%	33,3%	66,7%	100,0%
	Personalidade Pública	n.	2	0	2
		%	100,0%	0%	100,0%
	Empresa/ Empresário	n.	4	3	7
		%	57,1%	42,9%	100,0%
	Titular de cargo de administração/gestão de Instituição/organismo público	n.	2	3	5
		%	40,0%	60,0%	100,0%
	Titular de cargo de administração/gestão de instituição/organismo privado	n.	2	1	3
		%	66,7%	33,3%	100,0%
	Cidadão/ã individual	n.	2	2	4
		%	50,0%	50,0%	100,0%
	Ministério Público	n.	0	3	3
		%	0%	100,0%	100,0%
	Especialista (Professor, economista, médico, escritor...)	n.	1	2	3
		%	33,3%	66,7%	100,0%
	Organização da sociedade civil	n.	1	1	2
		%	50,0%	50,0%	100,0%
	Membros das forças de segurança (GNR, PSP, Polícia Judiciária)	n.	1	3	4
		%	25,0%	75,0%	100,0%
	Procuradoria-Geral da República	n.	0	1	1
		%	0%	100,0%	100,0%
	Juízes	n.	0	1	1
		%	0%	100,0%	100,0%
Total		n.	17	27	44
		%	38,6%	61,4%	100,0%

QUADRO 10 – Estudo de caso do jornal *Público*:
Distribuição da acusação pelos pedidos de indemnização

			Pedidos de indemnização
			Sim
Acusação	Político Local	n.	1
		%	5,9%
	Membro do Governo	n.	1
		%	5,9%
	Personalidade Pública	n.	2
		%	11,8%
	Empresa/ Empresário	n.	4
		%	23,5%
	Titular de cargo de administração/gestão de Instituição/ organismo público	n.	2
		%	11,8%
	Titular de cargo de administração/gestão de Instituição/ organismo Privado	n.	2
		%	11,8%
	Cidadão/ã individual	n.	2
		%	11,8%
	Especialista (Professor, economista, médico, escritor…)	n.	1
		%	5,9%
	Organização da sociedade civil	n.	1
		%	5,9%
	Membros das forças de segurança (GNR; PSP, PJ)	n.	1
		%	5,9%
Total		n.	17
		%	100,0%

Um aspecto interessante a realçar é o facto do grupo *Empresa/Empresário* se destacar claramente como o grupo que mais vezes pede indemnizações, representando 23,5% do total de pedidos. Este facto assume ainda mais relevância se considerarmos que estes pedidos (quatro em número absoluto) correspondem a 57,1% do total de processos interpostos por empresas ou empresários. Pelo contrário, dos nove processos interpostos por políticos (seis de políticos locais e três de membros do Governo) apenas dois (correspondentes a 22,2%) envolvem pedidos de indemnização.

Os valores dos pedidos de indemnização variam entre os 4.000 e os 500.000 euros. Apesar de não haver uma concentração significativa na distribuição dos valores, verifica-se um maior número de pedidos de indemnização até 40.000 euros (sete casos, correspondentes a 43,89% do total dos pedidos). Por outro lado, é também de salientar a existência de cinco pedidos de valores superiores a 80 mil euros.

QUADRO 11 – **Estudo de caso do jornal *Público*:**
Valores dos pedidos de indemnização

	Frequência	%	% acum.
4.000€	1	5,9	5,9
7.500€	1	5,9	11,8
15.000€	2	11,8	23,5
25.000€	1	5,9	29,4
40.000€	2	11,8	41,2
50.000€	4	23,5	64,7
80.000€	1	5,9	70,6
100.000€	3	17,6	88,2
200.000€	1	5,9	94,1
500.000€	1	5,9	100,0
Total	17	100,0	

Reforçando a tendência já enunciada de que o grupo *Empresa/Empresário* é o que demonstra uma maior propensão para reclamar pedidos de indemnização, verificamos agora que este grupo se destaca também pelo elevado valor desses pedidos, já que são todos superiores a 40.000 euros. Por aqui também se depreende que a compensação económica não surge como a principal motivação da classe política, pois, como já vimos, a maioria não pede indemnização e os que a pedem tendem a reclamar valores reduzidos.

148 OS CRIMES DOS JORNALISTAS

QUADRO 12 – Estudo de caso do jornal *Público*:
Valores dos pedidos de indemnização por intervalos

	Frequência	%	% acum.
[4.000€ – 15.000€]	4	23,5	23,5
]15.000€ – 40.000€]	3	17,6	41,2
]40.000€ – 80.000€]	5	29,4	70,6
]80.000€ – 500.000€]	5	29,4	100,0
Total	17	100,0	

Um aspecto interessante a salientar é que não se verificou nenhum pedido de indemnização nos casos em que apenas o jornalista é arguido. Verifica-se também que quando os acusados são o director ou a empresa, excluindo o jornalista, os pedidos de indemnização são sempre elevados.

Fase de desfecho dos processos

Ao contrário dos processos cíveis, os processos-crime contra a imprensa, segundo os nossos entrevistados, muito raramente chegam a julgamento. A grande maioria dos processos é arquivada, terminando na fase de inquérito ou na fase de instrução.

«Dos processos-crime muito poucos chegam a julgamento. Dos 60 processos-crime que temos, em média por ano, eu diria que apenas dez vão a julgamento. Os processos cíveis vão sempre a julgamento, a menos que se faça um acordo», sublinha André Fontinha Raposo [E1], referindo-se ao grupo Global Notícias.

No caso do grupo Cofina, de acordo com Martim Menezes [E2], «nos processos-crime, muito poucos processos chegam a julgamento, talvez uns 5%. Nos casos de civil, quase todos».

Uma ideia também comum entre os diversos jornais, defendida pelos respectivos advogados, é que raramente estes processos acabam em acordo. No caso do Grupo Cofina, estes acordos nunca são feitos à base de pagamento de indemnizações, apenas por acordos de declarações, onde é reforçado através de outra notícia que não era intenção do jornal ofender.

Quadro 13 – Estudo de caso do jornal *Público*: Acusação versus valores de indemnização por intervalos

			Valores de Indemnização por intervalos				Total
			[4.000€-15.000€]	[15.000€-40.000€]	[40.000€-80.000€]	[80.000€-500.000€]	
Acusação	Político Local	n.	1	0	0	0	1
		%	100,0%	0%	0%	0%	100,0%
	Membro do Governo	n.	0	0	1	0	1
		%	0%	0%	100,0%	0%	100,0%
	Personalidade Pública	n.	0	0	1	1	2
		%	0%	0%	50,0%	50,0%	100,0%
	Empresa/ Empresário	n.	0	0	3	1	4
		%	0%	0%	75,0%	25,0%	100,0%
	Titular de cargo de administração/gestão de Instituição/organismo público	n.	2	0	0	0	2
		%	100,0%	0%	0%	0%	100,0%
	Titular de cargo de administração/gestão de Instituição/organismo Privado	n.	0	1	0	1	2
		%	0%	50,0%	0%	50,0%	100,0%
	Cidadão/ã individual	n.	1	0	0	1	2
		%	50,0%	0%	0%	50,0%	100,0%
	Especialista (Professor, economista, médico, escritor…)	n.	0	1	0	0	1
		%	0%	100,0%	0%	0%	100,0%
	Organização da sociedade civil	n.	0	0	0	1	1
		%	0%	0%	0%	100,0%	100,0%
	Membros das forças de segurança (GNR, PSP, PJ)	n.	0	1	0	0	1
		%	0%	100,0%	0%	0%	100,0%
Total		n.	4	3	5	5	17
		%	23,5%	17,6%	29,4%	29,4%	100,0%

150 OS CRIMES DOS JORNALISTAS

QUADRO 14 – Estudo de caso do jornal *Público*:
Arguido versus valores de indemnização por intervalos

			Valores de Indemnização por intervalos				Total
			[4.000€-15.000€]	[15.000€-40.000€]	[40.000€-80.000€]	]80.000€-500.000€]	
Arguido	Jornalista e director	n.	3	1	4	3	11
		%	27,3%	9,1%	36,4%	27,3%	100,0%
	Jornalista, director e empresa	n.	1	1	0	0	2
		%	50,0%	50,0%	0%	0%	100,0%
	Director	n.	0	0	1	0	1
		%	0%	0%	100,0%	0%	100,0%
	Director e empresa	n.	0	0	0	1	1
		%	0%	0%	0%	100,0%	100,0%
	Empresa	n.	0	0	0	1	1
		%	0%	0%	0%	100,0%	100,0%
	Jornalista e empresa	n.	0	1	0	0	1
		%	0%	100,0%	0%	0%	100,0%
Total		n.	4	3	5	5	17
		%	23,5%	17,6%	29,4%	29,4%	100,0%

QUADRO 15 – Estudo de caso do jornal *Público*:
Fase de desfecho do Processo

	Frequência	%	% acum.
Inquérito	17	38,6	38,6
Instrução	20	45,5	84,1
Julgamento	7	15,9	100,0
Total	44	100,0	

Uma vez mais, o caso do *Público* permite-nos detalhar esta questão. Também neste jornal, a grande maioria dos casos judiciais não chega a julgamento (84,1%), já que 38,6% dos processos não passam da fase de inquérito e 45,5% acabam na fase de instrução.

Desfecho do Processo

O estudo de caso sobre o jornal *Público* mostra que apenas 15,9% dos processos contra o jornal acabam em julgamento, dos quais mais de metade resultam em absolvição. É de salientar que apenas três (sendo um deles com a condenação do jornalista, mas a absolvição do director) dos 44 casos analisados, correspondendo apenas a 6,8% do total, resultaram em condenação. Nos três casos de condenação, as penas foram as seguintes:

- *«pena de 120 dias de multa, à taxa de 2.000$00 diários, o que perfaz o montante de 240.000.$00, a que correspondem 80 dias de prisão subsidiária, multa esta que lhe foi integralmente perdoada nos termos do art.8, nº 1 c) da lei de 15/94, de 15/05; e 200.000$00 a título de indemnização por danos não patrimoniais».*
- *«pena de 200 dias de multa à taxa diária de 1.000$00, o que perfaz a quantia de 200.000$00 (para cada um); quanto ao pedido de indemnização cível, condenados a pagarem aos herdeiros a quantia de 1.000.000$00 a título de danos não patrimoniais».*
- *«pagar indemnização de 10 mil euros, absolvendo-o do mais pedido».*

QUADRO 16 – **Estudo de caso do jornal *Público*: Desfecho do Processo**

	Frequência	%
Absolvição	4	9,1
Condenação	2	4,5
Arquivamento	37	84,1
Absolvição do director; condenação do jornalista	1	2,3
Total	44	100,0

Estes dados, bem como as entrevistas aos três advogados, permitem-nos concluir que os media raramente são condenados neste tipo de processos judiciais.

O grupo Global Notícias, segundo os dados de André Fontinha Raposo [E1], perde nos processos-crime «em média, cinco por cento dos casos por ano» e nos casos dos processos cíveis perde, «em média, dez por cento dos casos por ano».

Martim Menezes [E2] reforça esta ideia: «Nos processos de abuso de liberdade de imprensa predominam um maior número de absolvições do que condenações. O *Correio da Manhã*, por exemplo, nos últimos 20 anos não terá perdido nem 20 processos. Nos processos penais é muito mais fácil o jornalista ser absolvido do que nos civis».

Poder-se-ia, assim, dizer que a liberdade de expressão sobrepõe-se quando confrontada com outros direitos fundamentais. No entanto, esta conclusão poderá ser precipitada. Assim, poderemos defender, como o faz Martim Menezes [E2], que numa parte significativa dos processos não há um verdadeiro conflito de direitos, já que têm reduzido fundamento objectivo: «grande parte dos processos não tinha razão para terem "nascido" (...) são exageros de litigância».

A mesma ideia é reforçada por Francisco Teixeira da Mota [E3]: «Penso que a liberdade de expressão ganha mais vezes do que perde. Mas importa ressalvar que o facto de ganhar não representa qualquer reconhecimento da liberdade de expressão, pois há processos inimagináveis, sem qualquer fundamento. A pessoa sente-se incomodada, não gostou do que leu, mas não há um verdadeiro conflito. E nestes casos a maior parte dos processos são arquivados. Deveria haver um maior equilíbrio, um filtro para aqueles 60 ou 70 por cento de processos que entram, que não têm razão de ser, de existir». Neste sentido, considera que nos processos em que há realmente um verdadeiro conflito de direitos, «a tendência é para ganhar o direito à honra e ao bom nome».

No entanto, Martim Menezes [E2] sublinha que esta é uma realidade que está em transformação, pois devido à «agressividade do jornalismo» verifica-se uma mudança de atitude dos tribunais, tornando-se a situação agora mais complicada para os jornalistas. Tendo em conta esta nova realidade, Martim Menezes é da opinião que o jornalista terá que passar a ter um seguro de responsabilidade obrigatório: «Face à lei de imprensa, o responsável pelo pagamento de indemnização é o jornalista autor da notícia. A empresa só responde se o director tiver tido conhecimento, mas o que tem acontecido até agora é que é sempre a empresa que assume estas despesas. Mas se isto der uma reviravolta começa-se a questionar se a empresa vai por trás pagar a indemnização. Acho que nos próximos cinco anos vamos ter que enfrentar esta nova realidade, devido à viragem de actuação dos tribunais em relação a este tipo de processos e ao modo como se vão comercializar os conteúdos. (...) O seguro de responsabilidade obrigatório será uma forma de enfrentar esta nova realidade».

Voltando ao caso do *Público*, vemos que o cruzamento entre as variáveis *Acusação* e *Desfecho do processo* permite ter uma visão clara do resultado final das acções interpostas por cada um dos grupos.

É interessante verificar que dos nove processos movidos por políticos (seis por políticos locais e três por membros do Governo), oito deles foram arquivados e apenas um foi levado a julgamento e mesmo nesse caso o arguido foi absolvido. Encontramos um cenário idêntico no que diz respeito aos processos movidos por empresas ou empresários, que ficaram na sua totalidade pelo arquivamento. Infere-se daqui que sendo o poder político e o poder económico os grupos que mais recorrem à justiça para tentar fazer valer os seus direitos contra o jornal *Público*, são também os que mais vêem os seus processos não ter acolhimento na justiça, já que apenas um caso foi a julgamento e não obtiveram qualquer condenação nos quatro anos analisados.

Nos sete casos que chegaram a julgamento, existe uma grande dispersão pelos diferentes grupos proponentes das acções, não se podendo daqui tirar qualquer ilação segura. É, no entanto, de referir que os três processos que resultaram em condenações no período analisado foram interpostos por um titular de cargo de administração/ gestão de instituição/organismo privado, um cidadão individual e um especialista.

Um primeiro aspecto a realçar quando analisamos os processos tendo em conta o seu ano de início, é que o ano de 1994 é o que mais se destaca pelo elevado número de processos (18 em número absoluto, que correspondem a 40,9% do total de casos dos quatro anos analisados).

OS CRIMES DOS JORNALISTAS

QUADRO 17 – Estudo de caso do jornal *Público*: Acusação versus Desfecho

			Desfecho do Processo				Total
			Absolvição	Condenação	Arquivamento	Absolvição director; condenação jornalista	
Acusação	Político Local	n.	0	0	6	0	6
		%	0%	0%	100,0%	0%	100,0%
	Membro do Governo	n.	1	0	2	0	3
		%	33,3%	0%	66,7%	0%	100,0%
	Personalidade Pública	n.	1	0	1	0	2
		%	50,0%	0%	50,0%	0%	100,0%
	Empresa/ Empresário	n.	0	0	7	0	7
		%	0%	0%	100,0%	0%	100,0%
	Titular de cargo de administ. / gestão de Instituição/organismo Público	n.	1	0	4	0	5
		%	20,0%	0%	80,0%	0%	100,0%
	Titular de cargo de administ. /gestão de Instituição/organismo Privado	n.	0	1	2	0	3
		%	0%	33,3%	66,7%	0%	100,0%
	Cidadão/ã individual	n.	0	1	3	0	4
		%	0%	25,0%	75,0%	0%	100,0%
	Ministério Público	n.	0	0	3	0	3
		%	0%	0%	100,0%	0%	100,0%
	Especialista (Professor, economista, médico, escritor…)	n.	0	0	2	1	3
		%	0%	0%	66,7%	33,3%	100,0%
	Organização da sociedade civil	n.	0	0	2	0	2
		%	0%	0%	100,0%	0%	100,0%
	Membros das forças de segurança (GNR, PSP, PJ)	n.	1	0	3	0	4
		%	25,0%	0%	75,0%	0%	100,0%
	Procuradoria-Geral da República	n.	0	0	1	0	1
		%	0%	0%	100,0%	0%	100,0%
	Juízes	n.	0	0	1	0	1
		%	0%	0%	100,0%	0%	100,0%
Total		n.	4	2	37	1	44
		%	9,1%	4,5%	84,1%	2,3%	100,0%

A decisão de escolher para o presente estudo dois anos seguidos de cada década teve por base a tentativa de perceber se as alterações sofridas nos media alteraram de alguma forma a quantidade e o tipo de processos contra os mesmos. Dos dados obtidos conclui-se que nos anos de 1994 e 1995 contam-se 26 processos contra o jornal *Público* (59,1% do total), enquanto que os anos de 2004 e 2005 totalizam 18 casos (40,9% do total). Nos dois anos analisados na década de 90, houve também mais processos a chegarem a julgamento, num total de seis em 26 (23,1%), ao passo que, nos processos iniciados nos anos de 2004 e 2005, apenas um em 18 (5,6%) foi efectivamente julgado. Visto de outra perspectiva, dos sete processos contra o jornal *Público* julgados no período em análise, seis deles tiveram início em 1994 e 1995 e foi desses que resultaram as três condenações, já que não se verificou qualquer condenação nos processos iniciados em 2004 e 2005. Destes dados infere-se que não só o número de processos contra o jornal *Público* baixou significativamente no espaço de uma década, como também o desfecho dos mesmos revela um menor acolhimento das suas pretensões pela justiça.

QUADRO 18 – **Estudo de caso do jornal *Público*:**
Início do processo versus Desfecho

			Desfecho do Processo				Total
			Absolvição	Condenação	Arquivamento	Absolvição director; condenação jornalista	
Início do Processo	1994	n.	2	1	14	1	18
		%	11,1%	5,6%	77,8%	5,6%	100,0%
	1995	n.	1	1	6	0	8
		%	12,5%	12,5%	75,0%	0%	100,0%
	2004	n.	0	0	10	0	10
		%	0%	0%	100,0%	0%	100,0%
	2005	n.	1	0	7	0	8
		%	12,5%	0%	87,5%	0%	100,0%
Total		n.	4	2	37	1	44
		%	9,1%	4,5%	84,1%	2,3%	100,0%

156 OS CRIMES DOS JORNALISTAS

Outra análise interessante será o cruzamento entre as variáveis *Tipo de processo* e *Desfecho*, que permite verificar se existem diferenças significativas no resultado final dos diferentes tipos de processos instaurados contra o jornal *Público*.

Apesar dos processos por difamação registarem 34 casos em termos absolutos, o que representa 77,3% do total de casos em análise, é de realçar que apenas cinco chegaram efectivamente a julgamento, e apenas um terminou em condenação do jornalista.

Os outros dois processos que terminaram em condenação foram um de natureza penal e outro civil – isto apesar dos primeiros totalizarem 41 e os segundos apenas três do total de 44 casos analisados. O processo-crime que resultou em condenação foi instaurado por ofensa à memória de pessoa falecida (que representa 50% dos casos deste tipo de crime, já que apenas existem dois processos desta natureza), enquanto que o processo civil com o mesmo desfecho se sustentou no direito ao bom nome.

QUADRO 19 – Estudo de caso do jornal *Público*:
Tipo de processo versus Desfecho

			Desfecho do Processo				
			Absolvição	Condenação	Arquivamento	Absolvição director; condenação jornalista	Total
Processo	Difamação	n.	4	0	29	1	34
		%	11,8%	0%	85,3%	2,9%	100,0%
	Violação de segredo de justiça	n.	0	0	4	0	4
		%	0%	0%	100,0%	0%	100,0%
	Crime de ofensa a pessoa colectiva	n.	0	0	1	0	1
		%	0%	0%	100,0%	0%	100,0%
	Crime de ofensa à memória de pessoa falecida	n.	0	1	1	0	2
		%	0%	50,0%	50,0%	0%	100,0%
	Processo Civil – Direito ao bom nome	n.	0	1	2	0	3
		%	0%	33,3%	66,7%	0%	100,0%
Total		n.	4	2	37	1	44
		%	9,1%	4,5%	84,1%	2,3%	100,0%

Duração do processo

Embora se verifique alguma diferença na duração dos processos reportada por cada jornal, pode concluir-se, de acordo com as entrevistas, que a duração média dos processos contra a imprensa varia entre os dois e os cinco anos.

Números confirmados também pelo caso do jornal *Público*, pois a maioria dos processos instaurados contra este jornal (59,1%) tem um desfecho num período até dois anos e 93,2%, terminando num período até quatro anos. Outro aspecto a destacar prende-se com a duração mais frequente destes processos ser de um e de dois anos, com 11 casos cada. Se somarmos estes dois períodos, percebemos que metade dos processos contra o jornal *Público*, no período analisado, terminaram num prazo igual ou superior a um ano e inferior a três anos.

QUADRO 20 – **Estudo de caso do jornal *Público*: Duração do processo**

	Frequência	%	% acum.
Menos de 1 ano	4	9,1	9,1
1 ano	11	25,0	34,1
2 anos	11	25,0	59,1
3 anos	8	18,2	77,3
4 anos	7	15,9	93,2
5 anos	1	2,3	95,5
6 anos	1	2,3	97,7
9 anos	1	2,3	100,0
Total	44	100,0	

4.3. Síntese e reflexão sobre os resultados

Em jeito de síntese, podemos concluir que o cenário português dos processos judiciais contra a imprensa tem as seguintes características:

- Há uma tendência de crescimento do número de processos judiciais contra a imprensa portuguesa, com excepção dos jornais de referência.

158 OS CRIMES DOS JORNALISTAS

- O número de processos instaurados a um jornal, por ano, é muito diversificado, podendo variar entre oito e 200 processos por ano. Os jornais de referência contam com um menor número de processos, comparativamente com os jornais tablóides.
- A grande maioria dos processos é de natureza criminal; os processos cíveis têm pouca expressão.
- O crime de difamação é o principal tipo de crime de que a imprensa portuguesa é acusada, seguido dos crimes de devassa da vida privada, de gravações e fotografias ilícitas e de violação do segredo de justiça.
- A grande maioria dos processos-crime contra a imprensa não chega a julgamento, é arquivada, terminando na fase de inquérito ou na fase de instrução.
- A maior parte dos casos que chegam a julgamento resultam na absolvição dos meios de comunicação social.
- A classe política, os empresários e as personalidades públicas são aqueles que mais processos instauram à imprensa; há também um número considerável de processos movidos por pessoas individuais.
- Os arguidos nestes processos são, na maioria das vezes, o jornalista e o director, em simultâneo.
- A duração média dos processos contra a imprensa varia entre os dois e os cinco anos.
- O valor dos pedidos de indemnização tem vindo a aumentar nos últimos anos, com montantes que variam entre os 25.000 e os 500.000 euros.
- As pessoas que instauram processos judiciais contra os media muito raramente utilizam antes o direito de resposta.

Perante este quadro, retomemos o quadro das transformações ocorridas no jornalismo, na sociedade e na própria justiça, para compreendermos melhor os dados que encontrámos.

Baseado nas estatísticas do Ministério da Justiça, que, como atrás referimos, identificam uma diminuição dos processos judiciais contra a imprensa, José Pedro Castanheira (2002) faz uma associação entre o abandono do jornalismo de investigação e a diminuição do número deste tipo de processos, que podemos transpor para a realidade dos jornais de referência: «Ao tempo áureo do jornalismo de investigação correspondeu um aumento sensível dos processos judiciais por alegado abuso da liberdade de imprensa. Às revelações, denúncias, críticas e ataques dos media responderam os visados com recursos em catadupa para os tribunais. Os queixosos eram de todo o tipo: governantes, deputados e autarcas; patrões e sindicalistas; juízes e advogados, sei lá que mais. A agenda dos directores dos jornais – que à luz da Lei de Imprensa da época eram co-responsáveis por tudo quanto se escrevia no respectivo periódico – passou a estar repleta de idas à Polícia Judiciária e de audiências em tribunal. Os advogados dos jornais nunca tiveram tanto trabalho. E os jornalistas passaram a coleccionar processos». A diminuição dos processos judiciais contra os meios de comunicação social constitui, na sua opinião, um indicador de um desinvestimento no jornalismo de investigação: «Se o número de processos diminuiu substancialmente, das duas uma: ou o número de "casos" reportados pelos media diminuiu, ou então as notícias deixaram de incomodar seriamente os seus intervenientes, a ponto de estes não sentirem necessidade de contra-atacar através dos tribunais. A verificar-se esta segunda situação – e, com os dados que possuo, não estou em condições de o poder afirmar –, estaríamos perante um indicador de uma outra situação: a falta de credibilidade das denúncias e revelações. Ou seja: a falta de credibilidade dos media» (Castanheira, 2002).

Uma outra tendência evidenciada pela nossa investigação é que as pessoas que instauram processos judiciais contra os media muito raramente utilizam antes o direito de resposta. Embora o direito de resposta seja um recurso sem custos, que potencialmente poderá chegar ao mesmo público que a notícia original e que produz efeito num curto espaço de tempo (ao contrário do processo judicial que dura vários anos), o facto de a maioria dos ofendidos não o usar antes de instaurar um processo sugere que a acusação considera que este meio não tem os mesmos "efeitos" que o processo judicial. Fica em aberto, assim, a verdadeira motivação de quem instaura processos judiciais contra a imprensa, pois não nos será possível, no quadro da investigação que

OS CRIMES DOS JORNALISTAS

desenvolvemos, conhecermos essas motivações. No entanto, parece claro que a restituição da verdade não será a motivação principal, pois embora a Lei de Imprensa preveja (artigo 34º) que as sentenças condenatórias por crimes cometidos através da imprensa são, quando o ofendido o requeira, obrigatoriamente publicadas no próprio periódico, esta publicação não tem qualquer força. Após os anos de duração do processo, o assunto, na maioria dos casos, já foi esquecido e esta "pequena notícia" (da qual apenas consta os factos provados relativos à infracção cometida, a identidade dos ofendidos e dos condenados, as sanções aplicadas e as indemnizações fixadas) passa despercebida aos leitores.

Por outro lado, como vimos no estudo de caso do jornal *Público*, ao contrário do grupo *Empresas/Empresários* que, de uma forma geral, pedem indemnizações, e de valores elevados, a classe política, que é uma das que mais processos instaura aos media, raramente pede indemnizações nos processos, pelo que se depreende que a compensação económica não é a sua principal motivação.

Para Francisco Teixeira da Mota [E3], estes processos têm como função pressionar, intimidar e criar dificuldades económicas às empresas, porque as empresas de comunicação social são obrigadas a constituir provisões em função dos processos judiciais em curso: «Têm muitas vezes um carácter de retaliação, de alguma vingança, porque os ofendidos sentem-se pessoalmente atingidos. Os valores elevados das indemnizações destinam-se a punir o jornal e a mostrar que aquele jornalista (essencialmente se estiver ligado à investigação jornalística) é prejudicial ao jornal. Os meios de comunicação têm de ponderar se vão correr o risco e isso leva a que haja informação que não seja publicada. Não tenho hoje em dia dúvida nenhuma de que há informação na comunicação social que não sai em virtude dos riscos de processo judicial. Por exemplo, num caso mediático, se um ofendido fizer um contacto a dizer que vai meter um processo de um milhão de euros, o jornal possivelmente tenderá a recuar, porque isto é ameaçador em termos económicos, corresponde a um prejuízo muito grave».

Para Martim Menezes [E2], quem intenta um processo judicial contra a imprensa quer «na maior parte das vezes anunciar que está a ser vítima de uma "campanha negra" e que até já tem o caso na justiça». Embora considere que por parte de quem instaura estes processos pode haver a intenção de pressionar, Martim Menezes considera que não tem esse efeito na actuação dos jornalistas, pois estes não deixam de publicar nada por causa de um processo. No entanto, alerta para a pressão que pode ser feita junto dos accionistas: «Quem intenta um processo contra um jornalista, pode ter a expectativa de que os accionistas do jornal dêem uma ordem para o jornalista "ter calma". Não tanto pelos valores de indemnizações, porque as consequências são poucas, mas sim pelo peso publicitário. Por exemplo, quando estamos a falar de processos movidos pelo Estado, sabemos que este tem um forte peso publicitário e que pode decidir retirar a publicidade institucional, o que seria uma grande quebra para o jornal. O Estado é também um cliente e mostrando que está descontente, evidencia o risco de acabar com essa relação negocial. Mais do que a própria acção e do seu valor, há uma relação negocial que pode ter algum impacto».

Na opinião de André Fontinha Raposo [E1], «os particulares instauram os processos por dinheiro; as figuras públicas, que se expõem todos os dias, pretendem que o processo funcione como um aviso, para que no futuro, o jornalista tenha mais cuidado».

O desfecho deste tipo de processos não deixa de ser uma conclusão surpreendente: grande parte dos processos são arquivados, muito poucos vão a julgamento, há muito poucas condenações e, consequentemente, há poucos gastos das empresas de media em indemnizações, apesar dos elevados montantes pedidos.

Perante esta tendência de desfecho, coloca-se uma última questão: Que tipo de consequências é que estes processos judiciais têm para os jornalistas?

Talvez a maior consequência seja mesmo o tempo gasto na burocracia processual que estes processos exigem e que o jornalista José Pedro Castanheira (2002) tão bem descreve: «Não sei quantos processos tive, mas foram mais de uma dezena (presentemente, creio que não tenho nenhum). E eu até passo por ser um jornalista rigoroso e cauteloso. A verdade é que os tribunais acabam por transformar-se numa maçada para toda a gente – menos para os advogados, os únicos que ganham verdadeiramente com isso. Ninguém gosta de ir a tribunal: não é só o jornalista, são também as testemunhas de defesa, mesmo as abonatórias, o editor (que pôs em página e titulou a notícia), o director (que até 1999 era legalmente co-responsável por tudo quanto se publicava), e a empresa (que vê um seu jornalista e o seu jornal no banco dos réus e que teme o montante de uma eventual indemnização). Depois, são as sessões adiadas. E as ausências que têm de ser justificadas. E as multas que têm de ser pagas. E os interrogatórios sobre assuntos que quase todos já esqueceram. E os recursos para a Relação. E os contra--recursos para o Supremo. O jornalista acaba por se sentir "culpado" por incomodar tanta gente, fazer perder tanto tempo, esgotar tantas energias. Tudo isto acaba por se transformar numa forma de pressão inconsciente sobre o jornalista. Mas valerá a pena? – acabará por se interrogar, quando depara com um novo caso complicado».

É, pois, em torno desta teia de uma justiça que tantas vezes tem sido acusada de se constituir como uma máquina excessivamente pesada que se parecem tecer as (in)consequências do conflito que estudámos, na nossa democracia.

CONCLUSÃO

O ponto de partida desta investigação foi a constatação de que, ainda que seja evidente a conflitualidade entre o jornalismo, a sociedade e o direito, pouco se sabe da verdadeira expressão dessa conflitualidade manifestada em processos judiciais contra a imprensa. Na verdade, o vazio estatístico em Portugal em relação aos processos judiciais contra os media é uma evidência. Em termos concretos, os únicos detentores desta informação são as direcções e os respectivos advogados de cada jornal. Não há uma visão conjunta, baseada em dados objectivos, sobre esta realidade. Esta situação é, como referimos, contrária a alguns países onde a liberdade de expressão é historicamente acarinhada, como é o caso dos Estados Unidos. Referimos, assim, o exemplo do *Media Law Resource Center* (MLRC), no que diz respeito à sistematização da informação sobre a actividade judicial ligada aos media e, em particular, a monitorização da evolução da prática de crimes de imprensa que deveria ser seguido em Portugal. Esta organização não governamental e os seus dados estatísticos são amplamente citados internacionalmente e têm enriquecido o debate sobre o equilíbrio sempre difícil entre a liberdade de expressão e os outros direitos fundamentais.

O vazio de dados que motivou o interesse pelo nosso objecto de reflexão pode, em nossa opinião, encontrar uma resposta institucionalizada consistente no tempo e independente de um voluntarismo pessoal. Assim, colocamos a hipótese de que o mesmo trabalho desenvolvido pelo *Media Law Resource Center* poderia ser desenvolvido pela Entidade Reguladora para a Comunicação Social (ERC), já que esta tem como objectivo primordial, de acordo com os seus estatutos, a regulação e supervisão de todas as entidades que prossigam actividades de comunicação social em Portugal, competindo «à ERC assegurar o respeito pelos direitos e deveres constitucional e legalmente consagrados, entre outros, a liberdade de imprensa, o direito à informação, a independência face aos poderes político e económico e o confronto das diversas correntes de opinião, fiscalizando o cumprimento das normas aplicáveis aos órgãos de comunicação social e conteúdos difundidos e promovendo o regular e eficaz funcionamento do mercado em que se inserem». Além disso, ainda nos termos dos seus estatutos (art. 77º, nº 3), a ERC deve «publicar no seu sítio electrónico o teor das sentenças ou acórdãos, que lhe sejam comunicados pelos tribunais, «proferidos em matéria de direito de resposta ou de crimes cometidos através de meios de comunicação social, bem como em processos por ofensas ao direito de informar» (art. 10º, nº 2). No entanto, em termos práticos, desde 2006, altura em que entrou em funções, o site da ERC apenas disponibiliza dez sentenças.

Foi, pois, na tentativa de traçarmos os primeiros contornos sobre a conflitualidade entre os media e a sociedade portuguesa, como expressa pelos casos em que a justiça intervém, que nos lançámos em busca de respostas.

Depois de procurarmos pensar algumas das transformações que se operaram no jornalismo e na justiça, o enquadramento histórico do quadro jurídico relativo aos crimes cometidos através da imprensa, e a identificação e caracterização dos principais tipos de crime de que os jornalistas portugueses são acusados, a nossa investigação evidencia, como vimos no Capítulo III, algumas tendências: com excepção dos jornais de referência, regista-se um aumento do número de processos judiciais, a maioria dos processos de crimes de imprensa é de difamação e os poucos casos que chegam a julgamento (a maioria dos processos acaba em arquivamento) resultam na absolvição dos meios de comunicação social. Fazendo uma análise comparativa com a situação americana, a partir dos dados disponibilizados pelo *Media Law Resource Center* que atrás referimos, verifica-se que a situação nos EUA é diferente da portuguesa, essencialmente na tendência decrescente do número de processos contra órgãos de comunicação social e no elevado valor das indemnizações pagas aos ofendidos.

Como já referimos anteriormente, o aumento de litigiosidade pode ter várias explicações, que vão desde a mercantilização do jornalismo que provoca uma concorrência sem limites, ao aparecimento de um grande número de casos mediáticos ligados à justiça, à própria lei processual, etc.. Mas foi também interessante dissecar a razão da diminuição ou do reduzido número de processos dos jornais de referência, para o que as entrevistas que realizámos e a bibliografia consultada foram importantes, traçando um quadro de complicadas teias no funcionamento da justiça, que faz obscurecer as reais motivações que presidem às acusações aos jornalistas.

Por outro lado, se assumirmos que estes processos têm pouco impacto na responsabilização dos jornalistas, mais uma vez fica no ar a crítica de que o jornalismo goza de impunidade na sua actuação, que ninguém «guarda os guardiões» (Christians *et al*, 2004:14).

O princípio da imputabilidade defendido por Bérnier (1996:185), que consiste em pedir aos jornalistas que prestem contas, que respondam pelas suas decisões e pelas suas práticas, acaba por ser difícil de exigir e concretizar.

Como vimos no Capítulo II, com a entrada em vigor do novo Estatuto do Jornalista, em Novembro de 2007, a Comissão da Carteira Profissional de Jornalista (CCPJ) ganha novos poderes, competindo-lhe também agora apreciar, julgar e sancionar a violação dos deveres dos jornalistas. Assim, sempre que um jornalista viole as normas de natureza deontológica, é reconhecida à CCPJ a possibilidade de instaurar um inquérito ou um processo disciplinar. A advertência registada, a repreensão escrita e a suspensão do exercício da actividade profissional até 12 meses são as penas previstas para estas infracções. Ainda é cedo para avaliar esta nova forma de responsabilização dos jornalistas, mas o reduzido número de decisões disciplinares publicadas no site da CCPJ[97] não faz prever que tenha um resultado muito diferente dos processos judiciais.

Embora a comunicação social portuguesa seja «saudavelmente crítica», Arons de Carvalho (2009) considera que esta tem sido incapaz de fazer «um exercício mínimo» de auto-avaliação: «Por vezes, aqueles que menos se preocupam com o direito ao bom nome e reputação dos visados pelas suas peças jornalísticas constituem mesmo os mais sensíveis às críticas externas ao seu desempenho, como se fossem os

---

[97] Disponíveis em: http://www.ccpj.pt/decisoesdisciplinares.htm (acedido em Outubro de 2009).

únicos seres intocáveis do planeta e constituíssem um sector acima de qualquer avaliação, para lá da decorrente das regras do mercado».

Apesar da prestação de contas por parte dos jornalistas ter como principais objectivos, como defende McQuail (1997:525), proteger e promover a liberdade dos media, prevenir ou limitar os prejuízos por eles causados e promover os seus contributos positivos para a sociedade, a verdade é que a tentativa de impor responsabilidades e de exigir a prestação de contas será sempre um assunto melindroso para os jornalistas, pois será sempre encarada como uma forma de limitar a liberdade de expressão, como uma forma de controlo e censura.

Na verdade, o livro que aqui apresentamos apenas ainda trilhou um pequeno caminho. Muitas outras perguntas, no entanto, ficam no ar: Será que a rádio e a televisão partilham das conclusões aqui retiradas nesta investigação? Será que o tipo e o número de processos por ano são coincidentes com os da imprensa diária? E os jornais regionais, são alvo deste tipo de processos? Estas são somente algumas questões que se constituem como pistas orientadoras para futuras investigações.

BIBLIOGRAFIA

AA.VV. (1991), *As Novas Leis da Comunicação Social*, edição da Quid Júris, Sociedade Editora.

ANDRADE, José Carlos Vieira de (2004), *Os Direitos fundamentais na Constituição Portuguesa de 1976*, 3º Ed., Coimbra.

BARDOEL, Jo, d'Haenens, Leen (2004), "Media meet the Citizen- Beyond Market Mechanisms and government regulations", *European Journal of Communication*, Vol.19 (2), SAGE Publications, pp.165-194.

BASTOS, Fernando (2007), "Aplicação da justiça e liberdade de imprensa", em www.justicaindependente.net

BÉRNIER, Marc-François (1995), *Les Planqués – Le journalisme victime des journalistes*, VLB Éditeur;

– (1996),"Les conditions de légitimité du journalisme: esquisse d'un modèle théorique", *Les Cahiers du journalism*, nº 2, pp.176-192.

BOURDIEU, Pierre (1997), *Sobre a televisão*, Celta Editora, Oeiras.

BRANTS, Kees (2005), "Quem tem medo do infotainment?", *in Revista Media & Jornalismo*, nº 7, pp.39-58.

BROWN, Sheila (2003), *Crime and the law in the media culture*, Open University Press, Buckingham/Philadelphia.

BRUMMETT, Barry (1990), "Mediating the Laws: Popular Trials and the Mass Media", *in* Robert Hariman (org.), *Popular Trials*. Tuscaloosa: University of Alabama Press, pp. 179-193.

CABRAL, Rita Amaral (1988), "O Direito à Intimidade da Vida Privada", in *Separata dos Estudos em Memória do Prof. Doutor Paulo Cunha*, Lisboa.

CARDOSO, Monteiro (1999), "A autoria dos crimes cometidos através da imprensa", *Forum Iustitiae*, Lisboa, a.1, nº 6, Novembro, pp.42-44.

CARDOSO, Ribeiro (2004), "Justiça e media: que fazer?", *Boletim da Ordem dos Advogados, nº 30*, Jan. Fev.

CARVALHO, Alberto Arons (1999), *A Censura à Imprensa na Época Marcelista*, Minerva, Coimbra;

– (2009), «A comunicação social e o caso Freeport», in jornal *Expresso*, de 14 Março.

CARVALHO, Alberto Arons de, Cardoso, António Monteiro (1971), *Da liberdade de imprensa*, Editora Meridiano, Lisboa.

CARVALHO, Alberto Arons de, Cardoso, António Monteiro, Figueiredo, José Pedro, (2003), *Direito da Comunicação Social*, Notícias Editorial;

168 OS CRIMES DOS JORNALISTAS

– (2005), *Legislação anotada da Comunicação Social*, Casa das Letras.

CASTANHEIRA, José Pedro(2002), "O espaço da investigação no jornalismo português", in Observatório da Imprensa: http://www.observatorioda imprensa.com.br/artigos/iq231020021.htm

CEREJO, José António (1986), "As vítimas da imprensa e as relações dos jornalistas com as polícias e os tribunais", *in 2º Congresso dos Jornalistas Portugueses: conclusões, teses, documentos*, Fundação Gulbenkian, pp.170-174.

CHRISTIANS, Clifford e Nordestreng, Kaarle (2004), "Social responsibility worldwide", in *Journal of Mass Media Ethics*, volume 19, nº 1, pp.3-28.

COELHO, Sofia Pinto (2001), «Os cúmplices da justiça», in jornal *Público*, de 6 de Setembro;

– (2005), *Jornalistas e Tribunais*, Quetzal Editores, Lisboa.

CORREIA, Fernando (1997), *Os Jornalistas e as Notícias*, Editorial Caminho, 2ªedição.

CORREIA, Luís Brito (2005), *Direito da Comunicação Social*, Coimbra, Almedina.

COSTA ANDRADE, Manuel da (1996), *Liberdade de Imprensa e Inviolabilidade Pessoal-Uma Perspectiva Jurídico-Criminal*, Coimbra Editora, Coimbra;

– (1997), "Liberdade de Imprensa e tutela penal da privacidade – a experiência portuguesa", *Revista brasileira de ciências criminais*, ano 5-nº 20-Outubro-Dezembro, pp.25-69;

– (1999), "Dos crimes contra outros bens jurídicos pessoais", *in Comentário Conimbricense do Código Penal, Tomo I*, Coimbra Editora, pp.817-845;

– (2001), "Código Penal e Liberdade de Imprensa (sobre as controvérsias e as polémicas da reforma", *Revista jurídica da Universidade Portucalense Infante D.Henrique*, Porto, nº 7, pp.25-44.

COSTA, António Artur Rodrigues da (1986), "A evolução da liberdade de imprensa em Portugal e a Justiça", in *Revista do Ministério Público*, Lisboa, pp.195-206;

– (1989), "Conflito entre o direito à informação e o direito ao bom nome e à privacidade- providência cautelar preventiva de abuso de liberdade de imprensa", *Revista do Ministério Público*, ano 11º, nº 42, pp.123-136;

– (2006), "Justiça e Comunicação Social", in *Revista do Ministério Público* nº 107, Ano 27, Julho-Setembro, pp.5-26.

COSTA, Eduardo Maia (2000), "Liberdade de imprensa – restrições para a protecção do bom nome e da reputação/Tribunal Europeu dos Direitos do Homem -caso Lopes Gomes da Silva contra Portugal", in *Revista do Ministério Público*, ano 21º, Outubro-Dezembro, nº 84, pp.179-191;

– (2005), "Liberdade de imprensa- restrições para a protecção do bom nome e da reputação/Acórdão do Supremo Tribunal de Justiça, de 13 de Janeiro de 2005", in *Revista do Ministério Público*, ano 26, Número 101, pp.141-162.

CRATO, Nuno (1989), *A imprensa*, Editorial Presença.

CURRAN, James e Seaton, Jean (2003), *Power Without Responsibility: the Press, Broadcasting and New Media in Britain*, 6ª edição, Londres: Routledge.

DÂMASO, Eduardo (2004), "Os segredos da justiça e todos os outros", *Revista Manifesto*, 7, pp. 6-21.

DIAS, Augusto da Costa (1966), *Discursos sobre a liberdade de imprensa no primeiro parlamento português (1821)*, Portugália Editora, Lisboa.

ERICSON, Richard V., Baranek, Patricia M., Chan, Janet, B.L (1991), *Representing Order- Crime, Law, and Justice in the News Media*, Open University Press.

ESTEVES, J. P., (1998), *A Ética da Comunicação e dos Media Modernos – Legitimidade e poder nas sociedades*, Lisboa, Fundação Calouste Gulbenkian.

ÉVORA, Silvino Lopes (2004), "O Segredo de justiça e a investigação jornalística: a problemática dos direitos fundamentais na democracia portuguesa", in Biblioteca on-line de Ciências da Comunicação_ http://bocc. ubi.pt/

FARIA COSTA, José (1999), "Dos crimes contra a honra", in *Comentário Conimbricense do Código Penal, Tomo I*, Coimbra Editora, pp.601-685;

– (2001), "Jurisprudência Crítica: Tribunal Europeu dos Direitos do Homem (Caso Lopes da Silva c. Portugal) Acórdão de 28 de Setembro de 2000", *in Revista Portuguesa de Ciência Criminal*, ano 11, nº 1 (Janeiro-Março), pp.131-155.

FERNANDES, José Manuel de Matos (2002), "Justiça e Comunicação Social", in *Estudos do Direito da Comunicação*, coordenação António Pinto Monteiro, Coimbra, Instituto Jurídico da Comunicação, pp.11-17.

FIGUEIREDO DIAS, Jorge de (1983), "Direito de informação e tutela da honra no direito penal de imprensa português", *in Revista de legislação e de jurisprudência*, nº 115, Coimbra Editora, pp.100.

FONTES, Tito Arantes, Faria, Tânia Luísa (2005), "Entre a Justiça Mediática e a Justiça Incomunicável", comunicação proferida no VI Congresso dos Advogados Portugueses.

GARCIA, José Luís (1994), "Principais tendências de evolução do universo dos jornalistas portugueses", *in Vértice*, nº 60, Lisboa, 2º série (Maio-Junho), pp.69-76;

– (org), (2009), *Estudos sobre os jornalistas portugueses. Metamorfose e encruzilhada no limiar do séc.XXI*, Instituto de Ciências Sociais, Universidade de Lisboa.

GLASSER, T. L., & Gunther, M. (2005), *The legacy of autonomy in American journalism, in* G. Overholser & K. H. Jamieson (Eds.), *The press*, Oxford University Press, pp. 384-399.

GODINHO, José Magalhães (1971), *Lei de Imprensa (Crítica ao projecto e proposta apresentados à Assembleia Nacional e respectivos textos)*, Lisboa.

GRAÇA, Sara Meireles (2007), *Os jornalistas portugueses – Dos problemas da inserção aos novos dilemas profissionais*, Minerva Coimbra.

GREVISSE, Benoît (2000), "Democracia e informação. Uma proposta de leitura dos media para um novo equilíbrio jornalístico", in *Media, Jornalismo e Democracia-* Comunicações apresentadas ao seminário Internacional Media, Jornalismo e Democracia, Lisboa, Livros Horizonte.

GRIPSRUD, Jostein (2002), *Understandig Media Culture*, London, Edward Arnold.

GUIBENTIF, Pierre (2002), *Comunicação social e representações do crime*, Lisboa, Centro de Estudos Judiciários, Cadernos do CEJ, nº 20.

HALIMI, Serge (1998), *Os novos cães de guarda*, Oeiras, Celta

HODGES, Louis W. (1986), "Defining Press Responsability: A Functional Approach", in Deni Elliot (ed.), *Responsible Journalism*, Beverly Hills, CA, Sage Publications, pp.13-31.

HUND, Wulf D. e Barbel Kirchhoff-Hund (1983) "Problems of political economy", Nº 5, pp.83-88.

ISIDORO, Augusto (1993), "Violação do Segredo de Justiça por jornalistas", *Revista do Ministério Público*, Lisboa, pp.99-107.

JAMES, Francis (2003), " Le poids de la televisión et le monde judiciaire", in *Dossiers de l'Audiovisuel*, nº 107, Jan/Fev de 2003, INA- Édition et Documentation, pp.48-51.

LEBLANC, G.(1998), «Del modelo judicial a los procesos mediáticos», in Gauthier,G., André Gosselin y Jean Mouchan (org.), *Communicación y politica*, Barcelona: Gedisa, pp.60-71.

MACHADO, Helena, Santos, Filipe (2008), "Crime, Drama e Entretenimento. O caso Maddie e a meta-justiça popular na imprensa portuguesa", Julho, *Oficina* nº 310, Centro de Estudos Sociais.

MACHADO, Jónatas E. M. (2002), *Liberdade de Expressão. Dimensões Constitucionais da Esfera Pública no Sistema Social*, Coimbra Editora.

MAILLARD, Jacques de, Roché, Sébastien (2004), «Crime and Justice in France: Time Trends, Policies and Political Debate», in *European Journal of*

Criminology, London, Thousand Oaks CA and New Delhi, Sage Publications, pp.111-115.

MATA-MOUROS, Maria de Fátima (2007), *Direito à inocência – Ensaio de Processo Penal e Jornalismo Judiciário*, Princípia Editora.

MCMANUS, Jonh (1994), *Market-driven journalism – let the citizen beware?*, Sage Publications.

MCQUAIL, Denis (1997), «Accountability of Media to Society», in *European Journal of Communication*, Volume 12, Nº 14, pp. 511-529
   – (2005), «Publication in a free society: The problem of accountability», in *Revista Comunicação e Sociedade*, volume 7, pp. 235-252.

MENDES, António Jorge Fernandes de Oliveira, (1996), *O Direito à Honra e a sua tutela Penal*, Coimbra, Almedina.

MESQUITA, Mário (1995), "A problemática dos direitos da pessoa na perspectiva das estratégias e da retórica da comunicação social", *in Os Direitos da Pessoa e a Comunicação Social*, Fundação Calouste Gulbenkian; pp.109--129.
   – (2001), "A turbodeontologia", *in* jornal *Público*, de 16 de Março;
   – (2002), "A indústria da privacidade", *in* jornal *Público*, de 12 de Abril;
   – (2003), *O Quarto Equívoco- O poder dos media na sociedade contemporânea*, Coimbra, Minerva.

MOREIRA, Vital, "Liberdade de Informação e Segredo de Justiça", *in* jornal *Público*, de 20 de Janeiro de 2004.

MORGADO, Maria José, Vegar, José (2004), *O inimigo sem rosto – fraude e corrupção em Portugal*, Dom Quixote, Lisboa

MOTA, Francisco Teixeira da (2009), *O Tribunal Europeu dos Direitos do Homem e a liberdade de expressão –os casos portugueses*, Coimbra Editora;

MOURA, José de Souto de (2002), «Comunicação Social e Segredo de Justiça Hoje, *in* Estudos do Direito da Comunicação», coordenação de António Pinto Monteiro, Coimbra, Instituto Jurídico da Comunicação, pp.65--84;
   – (2003), "Um segredo para a justiça", *in* Revista *Visão*, de 24 de Julho;
   – (2004), "Juízos paralelos – comunicação social e justiça – um contributo para o levantamento da realidade portuguesa", intervenção na V edição «Agora. El debate peninsular»: "prensa y justicia-los juicios paralelos en Espana y Portugal".

NEWTON, Lisa H., Hodges, Louis and Keith, Susan (2004), "Accountability in the Professions: Accountability in Journalism", *in Journal of Mass Media Ethics*, volume 19, nº 3, pp.166-190.

OS CRIMES DOS JORNALISTAS

OLIVEIRA, José Manuel Paquete de (1999), «A Comunicação Social e os Tribunais: do Silêncio ao Rumor», in *Sub Júdice* nº 15/16, Junho-Dezembro, pp.23-28.

OLIVEIRA, Madalena (2007), "A Casa Pia e a imprensa: jornalistas em acto de contrição. A impiedade das críticas ou auto-regulação?", *in* Manuel Pinto, Helena Sousa (org.),*Casos em que o jornalismo foi notícia*, Colecção Comunicação e Sociedade, Campo das Letras, pp.125-148.

OSÓRIO, Luís (1924), *Notas ao Código Penal Português*, Vol.s III e IV, Coimbra Editora, Coimbra.

PENEDO, Cristina Carmona (2003), *O crime nos media- O que nos dizem as notícias quando nos falam de crime*, Lisboa, Livros Horizonte.

PEREIRA, Pacheco (2006), «A degradação da privacidade e da intimidade», *in* jornal *Público* de 26 de Outubro.

PINA, Sara (2009), *Media e Leis Penais*, Coimbra, Edições Almedina, SA.

PINTO, António Marinho (1998), "A Constitucionalização do Segredo de Justiça e o direito de informar", *in Documentos, Teses e Conclusões do 3º Congresso dos jornalistas portugueses*, edição da Comissão executiva do congresso pp.143-146;

– (1999), "Uma questão de honra ou o outro lado dos direitos de expressão e de informação", *Sub júdice* nº 15/16, Junho-Dezembro, pp.75-81.

PINTO, Manuel (2004), "Ventos cruzados sobre o campo jornalístico. Percepções de profissionais sobre as mudanças em curso", in Actas do *II Encontro Ibérico de Ciências da Comunicação*, realizado na Universidade da Beira Interior em 23 e 24 de Abril (em suporte CD-ROM).

PINTO, Paulo Mota (1993), "O Direito à reserva sobre a vida privada", *Boletim da Faculdade de Direito*, Vol.LXIX, Coimbra, pp.479-586;

– (2000), "A protecção da vida privada e a constituição", *Separata do boletim da Faculdade de Direito*, Vol.LXXVI, Coimbra, pp.153-204;

– (2002), "A limitação voluntária do direito à reserva sobre intimidade da vida privada", *Revista Brasileira de Direito Comparado*, Rio de Janeiro, pp. 21-62.

PINTO, Ricardo Leite (1994), "Liberdade de Imprensa e Vida Privada", *Revista da Ordem dos Advogados*, Lisboa, pp.27-147.

PRITCHARD, David (org.) (2000), *Holding the media accountable: Citizens, Ethics, and the Law*, Bloomington, Indiana University Press. *Público, Livro de Estilo*, 2ªEdição, Março de 2005.

RAMONET, Ignacio (1999), *A Tirania da Comunicação*, Porto, Campo das Letras.

BIBLIOGRAFIA 173

RESENDE, Raquel (2005), *A liberdade de imprensa na Convenção Europeia dos Direitos do Homem*, Separata da obra "Estudos de Direito Europeu e Internacional dos Direitos Humanos", Coimbra, Almedina.

RIBEIRO, J.M.Coutinho (2001), *Lei de imprensa-anotada e legislação conexa*, Quid Júris? Sociedade Editora, Lisboa.

ROBERTS, Julian, Stalans, Loretta (2003), *Public Opinion, Crime and Criminal justice, Boulder*, Westview Press, New Edition.

ROCHA, João Luís Moraes (1996), "Tribunais e Comunicação Social", in *Revista Portuguesa de Ciência Criminal*, ano 6, fasc.3, Julho-Setembro, pp.545--552;
– (1999), "Justiça e Comunicação Social: o olhar da jovem Themis", *Sub júdice* nº 15/16, Junho-Dezembro, pp.57-73.

ROCHA, Manuel António Lopes (1984), *Sobre o modelo da responsabilidade sucessiva nos crimes de imprensa: alguns problemas, separata do Bol.da Fac.de Direito de Coimbra;*
– (1990), *Desenvolvimentos Recentes do Direito Penal da Informação (da imprensa)*, Coimbra;
– (1999), "A liberdade de expressão como direito do homem (Princípios e Limites)", *Sub júdice* nº 15/16, Junho-Dezembro, pp.7-22.

RODRIGUES, Cunha (1999), *Comunicar e Julgar*, Minerva Coimbra.

SANTOS, Boaventura de Sousa (2002), "Os tribunais e as novas Tecnologias de Comunicação e de Informação", in *Estudos do Direito da Comunicação*, coordenação de António Pinto Monteiro, Coimbra, Instituto Jurídico da Comunicação, pp.137-160;
– (2003), "Tribunais e Comunicação Social", *in Visão*, 30 de Outubro.

SCHLESINGER, Philip Tumber, Howard (1994), *Reporting Crime. The Media Politics of Criminal Justice*, Oxford, Clarendon Press.

SEGADO, Francisco Fernandez (1990), "La libertad de expresión en la doctrina del tribunal europeo de derechos humanos», *Revista de estudios políticos 70 (Nueva Epoca)*, Centro de Estudios Constitucionales, pp.93-124.

SEIÇA, A.Medina de (2001), "Dos crimes contra a realização da justiça", *in Comentário Conimbricense do Código Penal*, Coimbra Editora, pp.460--490.

SERGEANT, Jean-Claude (2003), " Justice et Télévision en Grande-Bretagne, une relation ambiguä", in *Dossiers de l'Audiovisuel*, nº 107, Jan/Fev de 2003, INA- Édition et Documentation, pp.61-64.

SERRANO, Estrela (2006), *Para compreender o jornalismo*, Minerva Coimbra.

SIMÕES, Euclides Dâmaso (2008), "A liberdade de expressão na jurisprudência do Tribunal Europeu dos Direitos do Homem", *Revista do Ministério Público*, nº 113, ano 29, pp.102-116.

SOLOSKI, Jonh (1989), "O Jornalismo e o profissionalismo: alguns constrangimentos no trabalho jornalístico", in *Jornalismo: Questões, Teorias e «Estórias»*, org. de Nelson Traquina, Comunicação &Linguagens, pp.91-100.

SURETTE, Ray (1998), *Media, Crime and Criminal Justice*, Belmont, CA: West/ Wadsworth.

WEMANS, Jorge (s/d), "Os Jornalistas perante o segredo de justiça e o sigilo profissional", *Cadernos da Revista do Ministério Público*, Lisboa, pp.169-173.

Legislação:

- Carta de Lei de 4 de Julho
- Constituição de 29 de Setembro de 1822
- Carta de Lei de 22 de Dezembro de 1834
- Lei de 3 de Agosto de 1850
- Carta de Lei de 17 de Maio de 1866
- Lei de 11 de Abril de 1907
- Decreto de 10 de Outubro de 1910
- Decreto nº 11 839, de 5 de Julho de 1926
- Decreto nº 12 008, de 29 de Julho de 1926
- Decreto nº 22 469, de 11 de Abril de 1933
- Decreto-Lei nº 150/72, de 5 de Maio
- Lei nº 3/73 de 5 de Abril
- Decreto-Lei nº 85-C/75
- Constituição da República Portuguesa de 1976
- Estatuto do Jornalista – Lei nº 62/79 de 20 de Setembro
- Regulamento da Carteira Profissional de Jornalista – Decreto-Lei nº 305/ /97, de 11 de Novembro
- Lei de Imprensa – Lei nº 2/99 de 13 de Janeiro

- Estatuto do Jornalista – Lei nº 1/99, de 13 de Janeiro
- Lei nº 53/2005- de 8 de Novembro – Entidade Reguladora para a Comunicação Social
- Estatuto do Jornalista – Lei nº 64/2007, de 6 de Novembro
- Estatuto Disciplinar do jornalista(DR, 2ª Série – Nº 180 – 17 de Setembro de 2008)
- Código Civil
- Lei nº 48/2007 de 29 de Agosto (15.ª alteração ao Código de Processo Penal, aprovado pelo Decreto-Lei nº 78/87, de 17 de Fevereiro)
- Lei nº 59/2007 de 4 de Setembro (vigésima terceira alteração ao Código Penal, aprovado pelo Decreto-Lei nº 400/82, de 23 de Setembro).

ANEXO 1

DEVERES DOS JORNALISTAS
(Artigo 14º do Estatuto do Jornalista)

a) Proteger a confidencialidade das fontes de informação na medida do exigível em cada situação, tendo em conta o disposto no artigo 11º, excepto se os tentarem usar para obter benefícios ilegítimos ou para veicular informações falsas;

b) Proceder à rectificação das incorrecções ou imprecisões que lhes sejam imputáveis;

c) Abster-se de formular acusações sem provas e respeitar a presunção de inocência;

d) Abster-se de recolher declarações ou imagens que atinjam a dignidade das pessoas através da exploração da sua vulnerabilidade psicológica, emocional ou física;

e) Não tratar discriminatoriamente as pessoas, designadamente em razão da ascendência, sexo, raça, língua, território de origem, religião, convicções políticas ou ideológicas, instrução, situação económica, condição social ou orientação sexual;

f) Não recolher imagens e sons com o recurso a meios não autorizados a não ser que se verifique um estado de necessidade para a segurança das pessoas envolvidas e o interesse público o justifique;

g) Não identificar, directa ou indirectamente, as vítimas de crimes contra a liberdade e autodeterminação sexual, contra a honra ou contra a reserva da vida privada até à audiência de julgamento, e para além dela, se o ofendido for menor de 16 anos, bem como os menores que tiverem sido objecto de medidas tutelares sancionatórias;

h) Preservar, salvo razões de incontestável interesse público, a reserva da intimidade, bem como respeitar a privacidade de acordo com a natureza do caso e a condição das pessoas;

i) Identificar-se, salvo razões de manifesto interesse público, como jornalista e não encenar ou falsificar situações com o intuito de abusar da boa fé do público;

j) Não utilizar ou apresentar como sua qualquer criação ou prestação alheia;

l) Abster-se de participar no tratamento ou apresentação de materiais lúdicos, designadamente concursos ou passatempos, e de televotos.

ANEXO 2

OUTROS CRIMES CONTRA A RESERVA DA VIDA PRIVADA QUE PODEM SER COMETIDOS ATRAVÉS DA COMUNICAÇÃO SOCIAL (CÓDIGO PENAL)

Violação de domicílio ou perturbação da vida privada (Artigo 190º)

«1 – Quem, sem consentimento, se introduzir na habitação de outra pessoa ou nela permanecer depois de intimado a retirar-se é punido com pena de prisão até um ano ou com pena de multa até 240 dias.

2 – Na mesma pena incorre quem, com intenção de perturbar a vida privada, a paz e o sossego de outra pessoa, telefonar para a sua habitação ou para o seu telemóvel.

3 – Se o crime previsto no nº 1 for cometido de noite ou em lugar ermo, por meio de violência ou ameaça de violência, com uso de arma ou por meio de arrombamento, escalamento ou chave falsa, ou por três ou mais pessoas, o agente é punido com pena de prisão até três anos ou com pena de multa».

Introdução em lugar vedado ao público (Artigo 191º)

«Quem, sem consentimento ou autorização de quem de direito, entrar ou permanecer em pátios, jardins ou espaços vedados anexos a habitação, em barcos ou outros meios de transporte, em lugar vedado e destinado a serviço ou a empresa públicos, a serviço de transporte ou ao exercício de profissões ou actividades, ou em qualquer outro lugar vedado e não livremente acessível ao público, é punido com pena de prisão até três meses ou com pena de multa até 60 dias».

Devassa por meio de informática (Artigo 193º)

«1 – Quem criar, mantiver ou utilizar ficheiro automatizado de dados individualmente identificáveis e referentes a convicções políticas, religiosas ou filosóficas, à filiação partidária ou sindical, à vida privada, ou a origem étnica, é punido com pena de prisão até dois anos ou com pena de multa até 240 dias.

2 – A tentativa é punível».

Violação de correspondência ou de telecomunicações (Artigo 194º)

«1 – Quem, sem consentimento, abrir encomenda, carta ou qualquer outro escrito que se encontre fechado e lhe não seja dirigido, ou tomar conhecimento, por processos técnicos, do seu conteúdo, ou impedir, por qualquer modo, que seja recebido pelo destinatário, é punido com pena de prisão até um ano ou com pena de multa até 240 dias.

2 – Na mesma pena incorre quem, sem consentimento, se intrometer no conteúdo de telecomunicação ou dele tomar conhecimento.

3 – Quem, sem consentimento, divulgar o conteúdo de cartas, encomendas, escritos fechados, ou telecomunicações a que se referem os números anteriores, é punido com pena de prisão até um ano ou com pena de multa até 240 dias».

Violação de segredo (Artigo 195º)

«Quem, sem consentimento, revelar segredo alheio de que tenha tomado conhecimento em razão do seu estado, ofício, emprego, profissão ou arte é punido com pena de prisão até um ano ou com pena de multa até 240 dias».

ANEXO 3

ARTIGO 86º DO CÓDIGO DE PROCESSO PENAL
– PUBLICIDADE DO PROCESSO E SEGREDO DE JUSTIÇA

1 – O processo penal é, sob pena de nulidade, público, ressalvadas as excepções previstas na lei.

2 – O juiz de instrução pode, mediante requerimento do arguido, do assistente ou do ofendido e ouvido o Ministério Público, determinar, por despacho irrecorrível, a sujeição do processo, durante a fase de inquérito, a segredo de justiça, quando entenda que a publicidade prejudica os direitos daqueles sujeitos ou participantes processuais.

3 – Sempre que o Ministério Público entender que os interesses da investigação ou os direitos dos sujeitos processuais o justifiquem, pode determinar a aplicação ao processo, durante a fase de inquérito, do segredo de justiça, ficando essa decisão sujeita a validação pelo juiz de instrução no prazo máximo de setenta e duas horas.

4 – No caso de o processo ter sido sujeito, nos termos do número anterior, a segredo de justiça, o Ministério Público, oficiosamente ou mediante requerimento do arguido, do assistente ou do ofendido, pode determinar o seu levantamento em qualquer momento do inquérito.

5 – No caso de o arguido, o assistente ou o ofendido requererem o levantamento do segredo de justiça, mas o Ministério Público não o determinar, os autos são remetidos ao juiz de instrução para decisão, por despacho irrecorrível.

6 – A publicidade do processo implica, nos termos definidos pela lei e, em especial, pelos artigos seguintes, os direitos de:

a) Assistência, pelo público em geral, à realização dos actos processuais;

b) Narração dos actos processuais, ou reprodução dos seus termos, pelos meios de comunicação social;

c) Consulta do auto e obtenção de cópias, extractos e certidões de quaisquer partes dele.

7 – A publicidade não abrange os dados relativos à reserva da vida privada que não constituam meios de prova. A autoridade judiciária especifica, por despacho, oficiosamente ou a requerimento, os elementos relativamente aos quais se mantém o segredo de justiça, ordenando, se for caso disso, a sua destruição ou que sejam entregues à pessoa a quem disserem respeito.

8 – O segredo de justiça vincula todos os sujeitos e participantes processuais, bem como as pessoas que, por qualquer título, tiverem tomado contacto com o processo ou conhecimento de elementos a ele pertencentes, e implica as proibições de:

a) Assistência à prática ou tomada de conhecimento do conteúdo de acto processual a que não tenham o direito ou o dever de assistir;

b) Divulgação da ocorrência de acto processual ou dos seus termos, independentemente do motivo que presidir a tal divulgação.

9 – A autoridade judiciária pode, fundamentadamente, dar ou ordenar ou permitir que seja dado conhecimento a determinadas pessoas do conteúdo de acto ou de documento em segredo de justiça, se tal não puser em causa a investigação e se afigurar:

a) Conveniente ao esclarecimento da verdade; ou

b) Indispensável ao exercício de direitos pelos interessados.

10 – As pessoas referidas no número anterior ficam, em todo o caso, vinculadas pelo segredo de justiça.

11 – A autoridade judiciária pode autorizar a passagem de certidão em que seja dado conhecimento do conteúdo de acto ou de documento em segredo de justiça, desde que necessária a processo de natureza criminal ou à instrução de processo disciplinar de natureza pública, bem como à dedução do pedido de indemnização civil.

12 – Se o processo respeitar a acidente causado por veículo de circulação terrestre, a autoridade judiciária autoriza a passagem de certidão:

a) Em que seja dado conhecimento de acto ou documento em segredo de justiça, para os fins previstos na última parte do número anterior e perante requerimento fundamentado no disposto na alínea a) do nº 1 do artigo 72º;

b) Do auto de notícia do acidente levantado por entidade policial, para efeitos de composição extrajudicial de litígio em que seja interessada entidade seguradora para a qual esteja transferida a responsabilidade civil.

13 – O segredo de justiça não impede a prestação de esclarecimentos públicos pela autoridade judiciária, quando forem necessários ao restabelecimento da verdade e não prejudicarem a investigação:

a) A pedido de pessoas publicamente postas em causa; ou

b) Para garantir a segurança de pessoas e bens ou a tranquilidade pública.

ANEXO 4

REACÇÕES PUBLICADAS NA IMPRENSA À NOVA LEI SOBRE PUBLICAÇÃO DE ESCUTAS TELEFÓNICAS

«Revela muito pouca consideração do legislador sobre a importância da liberdade de expressão numa sociedade democrática. E, curiosamente, são os socialistas que a promovem».

Francisco Teixeira da Mota, advogado, *Diário de Notícias*, 31 de Agosto de 2007

«É uma vergonha! Um absurdo! E é completamente inconstitucional; viola o princípio da publicidade dos processos».

Ricardo Sá Fernandes, advogado, *Diário de Notícias*, 31 de Agosto de 2007

«É uma restrição grave ao direito de informar. Antes para publicar uma escuta era preciso um requisito prévio: que não estivesse sob segredo de justiça. Agora são precisos dois: que não esteja sob segredo de justiça e que os próprios autorizem».

António Marinho Pinto, advogado, *Diário de Notícias*, 31 de Agosto de 2007

«Sou a favor porque essa norma salvaguarda devidamente os interesses em presença, que são: por um lado, a plena utilização das escutas na investigação e no julgamento; por outro, a manutenção da reserva da intimidade da vida privada, que assim só é sacrificada na justa medida das necessidades do processo. Noto que as escutas que sejam fundamento da sentença poderão ser divulgadas sem o consentimento dos interessados. E saliento que a comunicação social pode continuar a referir a existência das escutas e a descrever por súmula o seu teor. Admito também que em caso de manifesto interesse público o juiz possa autorizar a divulgação de excerto das escutas, mesmo contra a vontade dos intervenientes. O que constituirá excepção à regra».

Rogério Alves, à altura Bastonário da Ordem dos Advogados,
Diário de Notícias, 14 de Setembro de 2007

«*A melhor demonstração de que a norma é abusiva está no facto de várias pessoas já terem tido necessidade de dizer que ela não será aplicada às transcrições lidas em julgamento. Mas a norma não faz essa distinção. Proíbe todas as transcrições e quem faz essa distinção só a procura salvar. A norma é inconstitucional porque se aplica a todas as escutas, mesmo as escutas lidas em tribunal – e essas obviamente não podem ser abrangidas. E não são só as escutas lidas em tribunal que devem poder ser divulgadas. Há outras nos processos que são relevantes. Não vejo como é que assim a imprensa pode divulgar as provas em que se funda uma decisão judicial. Os tribunais exercem em nome do povo e portanto o povo tem que saber porque há acusações, absolvições ou arquivamentos. Só seria legítimo a restrição para escutas que não são relevantes para o desenrolar do processo. O tribunal deveria ter o poder de dizer que escutas são ou não relevantes. Mas como quiseram ser mais papistas que o Papa, puseram lá tudo. Se as escutas do "Apito Dourado" não fossem divulgadas ninguém perceberia nada do processo*».

Ricardo Sá Fernandes, advogado, *Diário de Notícias*, **14 de Setembro de 2007**

ANEXO 5

OUTROS CRIMES QUE PODEM SER COMETIDOS ATRAVÉS DA IMPRENSA (CÓDIGO PENAL)

CRIMES CONTRA A IDENTIDADE CULTURAL E INTEGRIDADE PESSOAL

Discriminação racial, religiosa ou sexual (Artigo 240º)

1 – Quem:

a) Fundar ou constituir organização ou desenvolver actividades de propaganda organizada que incitem à discriminação, ao ódio ou à violência contra pessoa ou grupo de pessoas por causa da sua raça, cor, origem étnica ou nacional, religião, sexo ou orientação sexual, ou que a encorajem; ou

b) Participar na organização ou nas actividades referidas na alínea anterior ou lhes prestar assistência, incluindo o seu financiamento; é punido com pena de prisão de um a oito anos.

2 – Quem, em reunião pública, por escrito destinado a divulgação ou através de qualquer meio de comunicação social ou sistema informático destinado à divulgação:

a) Provocar actos de violência contra pessoa ou grupo de pessoas por causa da sua raça, cor, origem étnica ou nacional, religião, sexo ou orientação sexual; ou

b) Difamar ou injuriar pessoa ou grupo de pessoas por causa da sua raça, cor, origem étnica ou nacional, religião, sexo ou orientação sexual, nomeadamente através da negação de crimes de guerra ou contra a paz e a humanidade; ou

c) Ameaçar pessoa ou grupo de pessoas por causa da sua raça, cor, origem étnica ou nacional, religião, sexo ou orientação sexual; com a intenção de incitar à discriminação racial, religiosa ou sexual, ou de a encorajar, é punido com pena de prisão de seis meses a cinco anos.

CRIMES CONTRA A VIDA EM SOCIEDADE

Ultraje por motivo de crença religiosa (Artigo 251º)

1 – Quem publicamente ofender outra pessoa ou dela escarnecer em razão da sua crença ou função religiosa, por forma adequada a perturbar a paz pública, é punido com pena de prisão até um ano ou com pena de multa até 120 dias.

2 – Na mesma pena incorre quem profanar lugar ou objecto de culto ou de veneração religiosa, por forma adequada a perturbar a paz pública.

OS CRIMES DOS JORNALISTAS

CRIMES CONTRA A PAZ PÚBLICA

Instigação pública a um crime (Artigo 297º)

1 – Quem, em reunião pública, através de meio de comunicação social, por divulgação de escrito ou outro meio de reprodução técnica, provocar ou incitar à prática de um crime determinado é punido com pena de prisão até três anos ou com pena de multa, se pena mais grave lhe não couber por força de outra disposição legal.

2 – É correspondentemente aplicável o disposto no nº 2 do artigo 295º.

Apologia pública de um crime (Artigo 298º)

1 – Quem, em reunião pública, através de meio de comunicação social, por divulgação de escrito ou outro meio de reprodução técnica, recompensar ou louvar outra pessoa por ter praticado um crime, de forma adequada a criar perigo da prática de outro crime da mesma espécie, é punido com pena de prisão até seis meses ou com pena de multa até 60 dias, se pena mais grave lhe não couber por força de outra disposição legal.

2 – É correspondentemente aplicável o disposto no nº 2 do artigo 295º.

CRIMES CONTRA A SEGURANÇA DO ESTADO

Violação de segredo de Estado (Artigo 316º)

1 – Quem, pondo em perigo interesses do Estado Português relativos à independência nacional, à unidade e à integridade do Estado ou à sua segurança interna e externa, transmitir, tornar acessível a pessoa não autorizada, ou tornar público facto ou documento, plano ou objecto que devem, em nome daqueles interesses, manter –se secretos é punido com pena de prisão de dois a oito anos.

2 – Quem destruir, subtrair ou falsificar documento, plano ou objecto referido no número anterior, pondo em perigo interesses no mesmo número indicados, é punido com pena de prisão de dois a oito anos.

3 – Se o agente praticar facto descrito nos números anteriores violando dever especificamente imposto pelo estatuto da sua função ou serviço, ou da missão que lhe foi conferida por autoridade competente, é punido com pena de prisão de três a dez anos.

4 – Se o agente praticar por negligência os factos referidos nos n.os 1 e 2, tendo acesso aos objectos ou segredos de Estado em razão da sua função ou serviço, ou da missão que lhe foi conferida por autoridade competente, é punido com pena de prisão até três anos.

ANEXO 187

CRIMES CONTRA ESTADOS ESTRANGEIROS E ORGANIZAÇÕES INTERNACIONAIS

Crimes contra pessoa que goze de protecção internacional (Artigo 322º)

1 – Quem atentar contra a vida, a integridade física ou a liberdade de pessoa que goze de protecção internacional, encontrando-se o ofendido em Portugal no desempenho de funções oficiais, é punido com pena de prisão de um a oito anos, se pena mais grave lhe não couber por força de outra disposição legal.

2 – Quem ofender a honra de pessoa que goze de protecção internacional e se encontre nas condições referidas no número anterior é punido com pena de prisão até dois anos ou com pena de multa, se pena mais grave lhe não couber por força de outra disposição legal.

3 – Gozam de protecção internacional para efeito do disposto nos números anteriores:

a) Chefe de Estado, incluindo membro de órgão colegial que exerça, nos termos constitucionais, as funções de Chefe de Estado, Chefe de Governo ou Ministro dos Negócios Estrangeiros, bem como membros de família que os acompanhem; e

b) Representante ou funcionário de Estado estrangeiro ou agente de organização internacional que, no momento do crime, goze de protecção especial segundo o direito internacional, bem como membros de família que com ele vivam.

Ultraje de símbolos estrangeiros (Artigo 323º)

Quem, publicamente, por palavras, gestos, divulgação de escrito ou outro meio de comunicação com o público, injuriar bandeira oficial ou outro símbolo de soberania de Estado estrangeiro ou de organização internacional de que Portugal seja membro é punido com pena de prisão até um ano ou com pena de multa até 120 dias.

CRIMES CONTRA A REALIZAÇÃO DO ESTADO DE DIREITO

Incitamento à guerra civil ou à alteração violenta do Estado de direito (Artigo 326º)

1 – Quem publicamente incitar habitantes do território português ou forças militares, militarizadas ou de segurança ao serviço de Portugal à guerra civil ou à prática da conduta referida no artigo anterior é punido com pena de prisão de um a oito anos.

2 – Se o facto descrito no número anterior for acompanhado de distribuição de armas, o agente é punido com pena de prisão de cinco a quinze anos.

Ofensa à honra do Presidente da República (Artigo 328º)

1 – Quem injuriar ou difamar o Presidente da República, ou quem constitucionalmente o substituir, é punido com pena de prisão até três anos ou com pena de multa.

2 – Se a injúria ou a difamação forem feitas por meio de palavras proferidas publicamente, de publicação de escrito ou de desenho, ou por qualquer meio técnico de comunicação com o público, o agente é punido com pena de prisão de seis meses a três anos ou com pena de multa não inferior a 60 dias.

3 – O procedimento criminal cessa se o Presidente da República expressamente declarar que dele desiste.

Incitamento à desobediência colectiva (Artigo 330º)

1 – Quem, com intenção de destruir, alterar ou subverter pela violência o Estado de direito constitucionalmente estabelecido, incitar, em reunião pública ou por qualquer meio de comunicação com o público, à desobediência colectiva de leis de ordem pública, é punido com pena de prisão até dois anos ou com pena de multa até 240 dias.

2 – Na mesma pena incorre quem, com a intenção referida no número anterior, publicamente ou por qualquer meio de comunicação com o público:

a) Divulgar notícias falsas ou tendenciosas susceptíveis de provocar alarme ou inquietação na população;

b) Provocar ou tentar provocar, pelos meios referidos na alínea anterior, divisões no seio das Forças Armadas, entre estas e as forças militarizadas ou de segurança, ou entre qualquer destas e os órgãos de soberania; ou

c) Incitar à luta política pela violência.

Ultraje de símbolos nacionais e regionais (Artigo 332º)

1 – Quem publicamente, por palavras, gestos ou divulgação de escrito, ou por outro meio de comunicação com o público, ultrajar a República, a Bandeira ou o Hino Nacionais, as armas ou emblemas da soberania portuguesa, ou faltar ao respeito que lhes é devido, é punido com pena de prisão até dois anos ou com pena de multa até 240 dias.

2 – Se os factos descritos no número anterior forem praticados contra as Regiões Autónomas, as Bandeiras ou Hinos Regionais, ou os emblemas da respectiva autonomia, o agente é punido com pena de prisão até um ano ou com pena de multa até 120 dias.

ANEXO 6

ENTREVISTA A ANDRÉ FONTINHA RAPOSO [E1][98]

Advogado da Sociedade de Advogados Luís Barros de Figueiredo, Sofia Louro & Associados, que representa o Grupo Global Notícias *(Diário de Notícias, Jornal de Notícias, 24 Horas, TSF, O Jogo,* extinto *Tal e Qual e Jornal do Fundão).*

QUESTÕES RELATIVAS AOS JORNAIS QUE REPRESENTA

1. Quais são os principais tipos de crimes de que são acusados os jornalistas?

Os principais tipos de crime são a difamação (em 90% dos casos que temos no grupo), a violação da vida privada e fotografias ilícitas (5% dos casos) e violação do segredo de justiça (5% dos casos).

Em termos de vida privada e fotografias ilícitas, o jornal que tem este tipo de processos é o *24 horas* (o extinto *Tal e Qual* também tinha). O *JN* e o *DN* não são normalmente acusados destes tipos de crimes.

2. Quantos processos são instaurados, em média por ano, ao grupo?

Em média, por ano, são instaurados 80 processos ao grupo: 60 processos-crime e 20 processos cíveis. Do total destes processos, 40% dizem respeito ao *JN*, 40% ao *24 horas*, 10% ao *DN* e os restantes 10% aos outros títulos do grupo (*TSF, O Jogo, Jornal do Fundão* e extinto *Tal e Qual*).

O *DN*, considerado um jornal de referência, tem poucos processos; as pessoas reagem às notícias do *DN* não tanto com processos, mas através do direito de resposta.

3. Qual o desenvolvimento processual que predomina neste tipo de processos?

· **Em média quantos processos chegam à fase de julgamento?**

Dos processos-crime muito poucos chegam a julgamento. Dos 60 processos-crime que temos, em média por ano, eu diria, que apenas 10 vão a julgamento. Os processos cíveis vão sempre a julgamento, a menos que se faça um acordo. Nós raramente fazemos acordo.

---

[98] Entrevista realizada em Junho de 2009.

- **E os restantes, como costumam terminar (desistência de queixa, acordo ou não pronúncia)?**

A maioria por despacho de não pronúncia. Muito raramente fazemos acordo, apenas em casos que temos a certeza que vamos ser condenados e que a provável indemnização é muito superior àquilo que podemos conseguir em acordo.

- **Qual a duração média deste tipo de processos?**

A duração média é curta: os que ficam pela instrução têm uma duração média de dois anos; os que vão a julgamento (contando com os recursos), cinco anos.

4. Qual o desfecho, que predomina, nestes processos? A liberdade de expressão perde ou ganha mais vezes em relação a outros direitos fundamentais também previstos na Constituição da República Portuguesa?

A liberdade de expressão ganha, ainda ganha mais vezes. Nos processos-crime perdemos em média cinco por cento dos casos por ano. Nos casos dos processos cíveis, temos mais condenações; perdemos, em média, dez por cento dos casos por ano. É mais fácil um jornal ser condenado num processo cível. Em termos criminais o jornalista é absolvido se provar a verdade dos factos e o seu fundamento sério, o que não acontece em termos cíveis. Enquanto que no crime está em causa o dolo, tem que se provar que teve intenção de causar dano, no processo cível basta a negligência.

5. Indemnizações

- **Os montantes pedidos em sede de indemnização cível são, em média, de que valor?**

São em média de 50 mil euros.

- **Coincidem com os montantes atribuídos pelo tribunal?**

Não. Em média, os montantes atribuídos pelo tribunal são de 25 a 30 mil euros.

- **Qual foi o montante mais alto que já foi pedido ao grupo?**

O pedido mais alto foi de 500 mil euros. Quem faz este tipo de pedido foi mal aconselhado e não tem noção da realidade portuguesa, quer em termos económicos, quer em termos jurídicos. A jurisprudência portuguesa para dano moral de morte atribui uma indemnização de 50 mil euros. Se se atribui em regra 50 mil euros a alguém que perdeu um familiar, não podemos atribuir

50 mil euros a alguém que ficou afectado no seu bom nome e os tribunais não são indiferentes a isto.

- Quanto é que o grupo gasta, em media por ano, em indemnizações?

O grupo gasta em média 10 mil euros por ano.

6. Que tipo de pessoas/entidades instauram este tipo de processos?

Todo o tipo de pessoas e de todos os quadrantes. No *DN*, em geral, só pessoas ligadas ao mundo da política (empresas do Estado, políticos); no *JN* é de todos os quadrantes, mas sobretudo de particulares. No *24 Horas* também é de todos os quadrantes, com mais destaque as vedetas, os políticos e os particulares.

7. Antes de instaurarem um processo, os ofendidos costumam recorrer primeiro ao direito de resposta?

Em geral não. No *DN* e *JN* as pessoas recorrem muito ao direito de resposta para se manifestar. Não quer dizer que por terem feito o direito de resposta abdiquem do processo, mas no geral abdicam. Por ano, a estes dois jornais, damos uma média de 70 pareceres sobre se os pedidos cumprem ou não os requisitos legais do direito de resposta. No *24 Horas* acontece uma coisa curiosa, o jornal não nos consulta, porque publica todos os pedidos de direito de reposta.

QUESTÕES DE ÂMBITO GERAL

8. Qual a evolução dos crimes de imprensa nos últimos anos? Têm aumentado ou diminuído? O que pode justificar essa tendência?

Tem-se notado um aumento do contencioso deste tipo de processos em Portugal, talvez inspirado noutros países ou porque a mentalidade ainda é «respeitinho é lindo e eu gosto». Como é um país pequeno e todos se conhecem, logo que há uma notícia que não é abonatória, os portugueses instauram um processo como forma de defesa: «Não é verdade, até já meti um processo ao jornalista».

A nossa lei processual também faz com que estes processos vão avançando. No caso dos crimes semi-públicos, o ofendido faz a queixa, mas é o Ministério Público que faz a acusação. E nestes casos, o Ministério Público pode arquivar, por considerar que não se verificam os pressupostos, ou faz a acusação. No

OS CRIMES DOS JORNALISTAS

caso dos crimes particulares, para que o processo possa seguir é necessário que o ofendido faça a acusação. E aqui, o Ministério Público a única coisa que pode fazer é acompanhar ou não acompanhar a acusação, mas que em nada interfere no seguimento da acusação. O que significa que não há um controlo efectivo da acusação que é feita no caso dos crimes particulares. Razão por que seguem acusações estapafúrdias sem qualquer viabilidade, apenas porque o particular acusou.

Eu defendo que estes crimes não deveriam ser considerados particulares. Deveriam ser crimes em que o Ministério Público pudesse efectivamente controlar, para que houvesse um filtro daqueles que efectivamente têm condições para ir a julgamento. Há imensos processos que não fazem qualquer sentido. Podemos dizer que 60% dos processos instaurados ao grupo ficam resolvidos na instrução.

9. Poderá haver alguma relação entre o nº de crimes de imprensa e as transformações que se operaram no jornalismo (desenvolvimentos tecnológicos e submissão às lei de mercado) e na justiça (mediatização da justiça)?

Sem dúvida. Há uma grande concorrência entre os jornais e com a pressa de dar a melhor notícia, em primeiro lugar, o jornalista não espera para confirmar e depois, muitas vezes, vem a provar-se que a informação não era verdadeira. A mediatização da justiça, além da violação do segredo de justiça, tem um grande peso a título difamatório. Os jornais passaram a ter um grande interesse pela área da justiça, quer em casos que envolvem figuras públicas quer em casos de particulares (o tio que violou a sobrinha ou o namorado que matou a namorada etc.), o que motiva o aparecimento de vários processos, pois as pessoas sentem-se difamadas.

10. Nos últimos anos, o Tribunal Europeu dos Direitos do Homem condenou o Estado Português em oito casos de liberdade de expressão. Que análise faz desta diferença de actuação em relação à justiça portuguesa?

Embora não conste o número de queixas por violação da liberdade de expressão que entram no TEDH, também não há números das pessoas que são (erradamente) condenadas e preferem não recorrer ao TEDH e, portanto, se conformam com as decisões portuguesas. Ainda assim, estes números demonstram que os tribunais portugueses ainda estão muito arreigados a uma certa teoria de "liberdade respeitosa" que não se coaduna, de facto, com o direito democrático de livre expressão e livre informação. Oito condenações são condenações suficientes para se perceber que a nossa jurisprudência ainda tem um longo caminho para evoluir. Conheço as oito condenações e constato que, realmente, nesses casos, há um certo provincianismo nos entendimentos dos direitos em questão.

A título de exemplo, posso dizer que o nosso escritório já apresentou duas queixas ao TEDH e conta vencer tais casos, o que contribuirá para reforçar esta ideia.

A explicação para este fenómeno, embora não o justifique, pode residir no facto de vivermos em regime democrático apenas há 35 anos, e, como tal, nos faltar ainda alguma experiência para, em sociedade, compreendermos e respeitarmos os direitos de todos.

11. Na sua opinião, os processos judiciais podem funcionar como uma forma de pressão ou censura à actuação dos jornalistas?

Da parte de quem os instaura pode haver essa intenção, com a ideia do «comigo não te metes». Mas nem sempre resulta, pois a maioria dos jornalistas não se incomoda em ter um processo, alguns até têm orgulho nisso. Na minha opinião, os particulares instauram os processos por dinheiro; as figuras públicas, que se expõem todos os dias, pretendem que o processo funcione como um aviso, para que no futuro, o jornalista tenha mais cuidado.

12. Considera que a tutela dos eventuais ofendidos por este tipo de crime se encontra suficientemente acautelada? Ou é excessiva? Ou é insuficiente?

Acho que está suficientemente acautelada. Quando as notícias são mal feitas e infundadas não há dúvida de que o jornalista vai ser condenado e isto é o que serve os interesses do ofendido. A lei prevê, quer em civil, quer em penal, todas as situações em que não havendo justificação as pessoas estão a ser postas em causa.

ANEXO 7

ENTREVISTA A MARTIM MENEZES [E2][99]

Advogado da sociedade de Advogados Carlos Cruz & Associados, que representa o Grupo Cofina (*Correio da Manhã, Record, TV Guia, Sábado, Flash e Jornal de Negócios*)

QUESTÕES RELATIVAS AO JORNAL QUE REPRESENTA

1. Quais são os principais tipos de crimes de que são acusados os jornalistas?

O principal tipo de crime é a difamação, seguido da violação de segredo de justiça. Mas depende do próprio meio de comunicação social. O *Correio da Manhã* tem processos de difamação, devassa da vida, fotografias ilícitas e violação de segredo de justiça. A revista *Sábado* tem essencialmente processos de difamação e violação de segredo de justiça e o jornal *Record* de difamação. O *Jornal de Negócios*, devido à nova realidade do crime económico (em casos como a "Operação Furacão"), tem essencialmente processos de violação de segredo de justiça e de ofensa a organismo, serviço ou pessoa colectiva.

2. Quantos processos são instaurados, em média por ano, ao grupo?

São instaurados ao grupo Cofina, em média, cerca de 400 processos judiciais por ano. Há contra jornalistas, contra a empresa, contra os dois, só contra o director etc.

Por ordem de grandeza de números de processos, aparece primeiro o *Correio da Manhã*, depois o jornal *Record*, a revista *TV Guia*, a revista *Sábado*, a revista *Flash* e o *Jornal de Negócios*. O *Correio da Manhã* é o que tem mais processos – cerca de 200 processos por ano – e estou convencido que é capaz de ter mais do que toda a imprensa portuguesa junta.

3. Qual o desenvolvimento processual que predomina neste tipo de processos?

· **Em média quantos processos chegam à fase de julgamento?**

Nos processos-crime, muito poucos processos chegam a julgamento, talvez uns cinco por cento. Nos casos de civil, quase todos.

---

[99] Entrevista realizada em Junho de 2009.

OS CRIMES DOS JORNALISTAS

- **E os restantes, como costumam terminar (desistência de queixa, acordo ou não pronunciamento)?**

A maior parte dos processos termina em não pronuncia e alguns por acordo. Por acordo nunca pagamos nada, escrevemos outra notícia onde reforçamos que não era intenção ofender. Ou seja, fazemos acordo com declarações, mas nunca pagamos dinheiro a ninguém.

- **Qual a duração média deste tipo de processos?**

No caso dos processos penais, cerca de dois anos, sem recursos. Nos civis, aproximadamente três ou quatro anos.

4. Qual o desfecho, que predomina, nestes processos? A liberdade de expressão perde ou ganha mais vezes em relação a outros direitos fundamentais também previstos na Constituição da República Portuguesa?

Nos processos de abuso de liberdade de imprensa predominam um maior número de absolvições do que condenações. O *Correio da Manhã*, por exemplo, nos últimos 20 anos não terá perdido nem 20 processos. Nos processos penais é muito mais fácil o jornalista ser absolvido do que nos civis.

Mas convém referir que grande parte dos processos não tinha razão para terem "nascido". A maior parte destes processos são exageros de litigância.

Mas as coisas estão a mudar, está a haver uma mudança de atitude nos tribunais. Devido à agressividade do jornalismo, as coisas começam agora a ser mais complicadas. Ainda não existe, mas possivelmente terá que se avançar para que o jornalista tenha um seguro de responsabilidade obrigatório.

Face à Lei de Imprensa, o responsável pelo pagamento de indemnização é o jornalista autor da notícia. A empresa só responde se o director tiver tido conhecimento, mas o que tem acontecido até agora é que a empresa assume sempre estas despesas.

Mas se isto der uma reviravolta começa-se a questionar se a empresa vai por trás pagar a indemnização. Acho que nos próximos cinco anos vamos ter que enfrentar esta nova realidade, devido à viragem de actuação dos tribunais em relação a este tipo de processos e ao modo como se vão comercializar os conteúdos. Há todas estas tensões e depois tem que se ver de que lado é que se coloca o risco. O seguro de responsabilidade obrigatório será uma forma de enfrentar esta nova realidade.

5. Indemnizações
- Os montantes pedidos em sede de indemnização cível são, em média, de que valor?

São, em média, entre 25.000 e 50.000 euros.

- Coincidem com os montantes atribuídos pelo tribunal?

As indemnizações raramente são pagas, porque não há condenações. Mas as indemnizações variam muito de pessoa para pessoa e de caso para caso. Para baixar o valor das indemnizações, alegamos que a agressão mais forte que há sobre o ser humano é a morte e nesses casos a indemnização é 50 mil euros. E, portanto, o dano moral nos processos de abuso de liberdade de imprensa tem de ser inferior.

- Qual foi o montante mais alto que já foi pedido ao grupo?

500.000 euros (três vezes).

- Quanto é que o grupo gasta, em media por ano, em indemnizações?

As empresas gastam mais com os advogados e custas judicias do que em indemnizações. No último ano, todo o Grupo Cofina, não terá gasto mais do que 50.000 euros. O valor não é significativo, mas vai subir bastante, porque a tendência é para que cada vez haja mais acções cíveis, onde é mais difícil ganhar os processos.

6. Que tipo de pessoas/entidades instauram este tipo de processos?

São sobretudo pessoas individuais, personalidades públicas e pessoas ligadas a processos mediáticos. No *Correio da Manhã*, os processos são movidos essencialmente por pessoas individuais, políticos e vedetas e no *Jornal de Negócios* por empresas.

Há também agora uma nova realidade que não existia que é o facto destes processos-crime serem instaurados por membros do Governo, além de utilizarem o direito de resposta e fazerem queixas à Entidade Reguladora para a Comunicação Social. Não sei se é uma realidade que aconteceu só com o Governo de José Sócrates ou se vai passar a ser usual. Mas de facto, há cada vez mais escrutínio sobre o Governo e talvez seja esta uma forma de eles se defenderem.

7. Antes de instaurarem um processo, os ofendidos costumam recorrer primeiro ao direito de resposta?

Algumas vezes sim. Mas é de ressaltar que, em geral, independentemente dos processos, o direito de resposta aumentou exponencialmente e, consequentemente, também aumentou o número de processos da ERC, pois como nós temos imensos direitos de resposta não podemos publicar todos. Este é um fenómeno novo. Todas as semanas temos quatro ou cinco direitos de resposta para dar parecer e muitas vezes sobre situações disparatadas. Mas as pessoas depois recorrem para a ERC, que manda publicar. Quando a ERC delibera nós temos uma penalidade 500 euros por cada dia que o direito de resposta não é publicado. Só agora é que estamos a começar a recorrer para o Tribunal Administrativo das decisões da ERC.

QUESTÕES DE ÂMBITO GERAL

8. Qual a evolução dos crimes de imprensa nos últimos anos? Têm aumentado ou diminuído? O que pode justificar essa tendência?

O número de processos tem aumentado muitíssimo. Diria que anteriormente o grupo Cofina tinha 50 processos por ano e agora tem, no mínimo, 400. Nos últimos anos assistimos a três realidades que contribuíram para o crescimento deste tipo de processos: o aparecimento de muitos processos mediáticos (por exemplo, o processo "Casa Pia", em que o *Correio da Manhã* terá sido demandado em 50 processos, o aparecimento em toda a imprensa (generalista) de revistas/cadernos de tipo da imprensa "cor-de-rosa" e a própria actuação e doutrina da ERC, que contribui em muito para o aumento de processos.

9. Poderá haver alguma relação entre o nº de crimes de imprensa e as transformações que se operaram no jornalismo (desenvolvimentos tecnológicos e submissão às lei de mercado) e na justiça (mediatização da justiça)?

Sem dúvida. Está tudo mais agressivo, de parte a parte. Há mais concorrência que torna o jornalismo mais agressivo, logo há mais litigiosidade.

O primeiro caso verdadeiro que tivemos de segredo de justiça foi com o processo "Casa Pia". Havia de vez em quando um processo de segredo de justiça, mas nunca por acusação. Havia uma notificação para tentar apurar quem era a fonte do jornalista, como é que o jornalista teve acesso à informação, mas que acabava por ser sempre arquivada, porque o jornalista invocava o seu sigilo profissional. Com esta mediatização, as pessoas visadas sentem-se ofendidas e instauram processos de violação de segredo de justiça (como por exemplo, no caso "Maddie", em que temos dois ou três casos, e no caso "Apito Dourado").

ANEXO 199

10. **Nos últimos anos, o Tribunal Europeu dos Direitos do Homem condenou o Estado português em oito casos de liberdade de expressão. Que análise faz desta diferença de actuação em relação à justiça portuguesa?**

Há mais distanciamento deste tribunal, que tem uma perspectiva macro das coisas. Os nossos tribunais centram-se mais no detalhe. O TEDH baseia-se numa jurisprudência que defende que se deve admitir algum "exagero" na crítica jornalística.

11. **Na sua opinião, os processos judiciais podem funcionar como uma forma de pressão ou censura à actuação dos jornalistas?**

Quem intenta um processo destes quer, na maior parte das vezes, anunciar que está a ser vítima de uma "campanha negra" e que até já tem o caso na justiça. Por parte de quem os instaura pode haver essa intenção, mas acho que não tem esse efeito na actuação dos jornalistas, pois não deixam de publicar nada por causa de um processo.

Mas há uma outra perspectiva. Quem intenta um processo contra um jornalista, pode ter a expectativa de que os accionistas do jornal dêem uma ordem para o jornalista "ter calma". Não tanto pelos valores de indemnizações, porque as consequências são poucas, mas sim pelo peso publicitário. Por exemplo, quando estamos a falar de processos movidos pelo Estado, sabemos que este tem um forte peso publicitário e que pode decidir retirar a publicidade institucional, o que seria uma grande quebra para o jornal. O Estado é também um cliente e mostrando que está descontente, evidencia o risco de acabar com essa relação negocial. Mais do que a própria acção e do seu valor, há uma relação negocial que pode ter algum impacto.

12. **Considera que a tutela dos eventuais ofendidos por este tipo de crime se encontra suficientemente acautelada? Ou é excessiva? Ou é insuficiente?**

Há normas redigidas que, por serem desactualizadas, são favoráveis aos jornalistas e empresas. Além disso, há que referir que é uma área em que há pouca especialização, o que muitas vezes traz maus resultados aos ofendidos. No entanto, a lei processual está já mais agradável para os ofendidos. Há uns anos os alçapões eram tantos que era virtualmente impossível ganhar um processo de abuso de liberdade de imprensa.

ANEXO 8

ENTREVISTA A FRANCISCO TEIXEIRA DA MOTA [E3][100]

Advogado que representa o jornal *Público*

QUESTÕES RELATIVAS AO JORNAL QUE REPRESENTA

1. Quais são os principais tipos de crimes de que são acusados os jornalistas?
É, sem dúvida, o crime de difamação. Os processos de violação de privacidade e de fotografias ilícitas no jornal *Público* praticamente não existem. Em alturas de casos mediáticos na justiça, como foi o do caso "Casa Pia", há alguns processos de violação de segredo de justiça.

Embora continue a haver um maior número de casos penais, neste momento começa a notar-se uma tendência para os queixosos recorrerem, cada vez mais, aos tribunais cíveis, com processos de ofensa ao bom nome.

2. Quantos processos são instaurados, em média por ano, ao jornal?
Cerca de 15/20 processos por ano.

3. Qual o desenvolvimento processual que predomina neste tipo de processos?

- **Em média quantos processos chegam à fase de julgamento?**

- **E os restantes, como costumam terminar (desistência de queixa, acordo ou não pronunciamento)?**

Em média, apenas metade dos processos chegam a julgamento. A outra metade "morre" logo entre o inquérito e a instrução, com o despacho de não-pronúncia. Processos a terminarem por acordo há muito poucos, a não ser em situações excepcionais em que haja a certeza de que houve um erro do jornal.

- **Qual a duração média deste tipo de processos?**

Os processos-crime demoram em média três a quatro anos; os processos cíveis dois a três anos.

---

[100] Entrevista realizada em Junho de 2009.

4. Qual o desfecho, que predomina, nestes processos? A liberdade de expressão perde ou ganha mais vezes em relação a outros direitos fundamentais também previstos na Constituição da República Portuguesa?

Penso que a liberdade de expressão ganha mais vezes do que perde. Mas importa ressalvar que o facto de ganhar mais vezes não representa qualquer reconhecimento do especial valor da liberdade de expressão, pois há processos inimagináveis, sem qualquer fundamento. A pessoa sente-se incomodada, não gostou do que leu, mas não há um verdadeiro conflito. E nestes casos a maior parte dos processos são arquivados. Deveria haver um maior equilíbrio, um filtro para aqueles 60 ou 70 por cento de processos que entram, que não têm razão de ser, de existir.

Nos processos em que há realmente um verdadeiro conflito de direitos, penso que a tendência é para ganhar o direito à honra e ao bom nome, sem prejuízo de haver casos gritantes em que a liberdade de expressão é esmigalhada...

5. Indemnizações

- **Os montantes pedidos em sede de indemnização cível são, em média, de que valor?**

O montante das indemnizações tem vindo a subir largamente. Hoje os pedidos de indemnização andam à volta dos 100 mil euros.

- **Coincidem com os montantes atribuídos pelo tribunal?**

Não, os valores atribuídos pelos tribunais são sempre inferiores.

- **Qual foi o montante mais alto que já foi pedido ao jornal?**

500 mil euros.

- **Quanto é que o jornal gasta, em media por ano, em indemnizações?**

O jornal gasta pouco. A indemnização mais alta que o jornal *Público* pagou foi de 75 mil euros no caso da notícia das dívidas fiscais do Sporting, que está agora no TEDH. Imagino que deva ser das condenações mais altas em Portugal, mas estou confiante que o Estado português será condenado a devolver essa verba ao *Público*.

6. Que tipo de pessoas/entidades instauram este tipo de processos?

Figuras públicas intermédias/locais (presidentes das câmaras, médicos, advogados etc.). Agora também temos processos do primeiro-ministro e do presidente do Supremo Tribunal de Justiça, mas não era normal.

No jornal *Público* não há processos de personalidades famosas do mundo do espectáculo, porque o jornal em regra não viola a privacidade.

7. Antes de instaurarem um processo, os ofendidos costumam recorrer primeiro ao direito de resposta?

Não. Quem recorre ao direito de resposta raramente intenta o processo judicial. Embora no direito de resposta afirmem que o fazem sem prejuízo do recurso às vias judiciárias, normalmente não o fazem.

Tem havido um aumento significativo da utilização do direito de resposta no jornal *Público*. Quase todas as semanas dou pareceres sobre se os pedidos de direito de resposta cumprem os requisitos legais e se devem ou não ser publicados.

QUESTÕES DE ÂMBITO GERAL

8. Qual a evolução dos crimes de imprensa nos últimos anos? Têm aumentado ou diminuído? O que pode justificar essa tendência?

Em relação ao jornal *Público* estes processos – quer criminais, quer cíveis – têm diminuído. Acho que hoje em dia entram menos processos contra o *Público* do que há dez anos. Embora em Portugal haja apoio judiciário para os processos de difamação (ao contrário de Inglaterra, em que os queixosos têm de gastar muito dinheiro para mover este tipo de processos), acredito que há muita gente que já perdeu a esperança na justiça e considera que é perder tempo e dinheiro, porque estes processos levam anos e, muitas vezes, não dão em nada.

Eu entendo que não devia ser crime. Há, aliás, um movimento no Conselho da Europa no sentido da descriminalização da difamação. É evidente que isto corresponde a uma desvalorização do conceito da honra. Parece-me que a tendência natural é para o crime de difamação deixar de existir e para a questão da ofensa ser apreciada em função dos prejuízos efectivamente causados e, portanto, ser uma questão cível.

9. Poderá haver alguma relação entre o nº de crimes de imprensa e as transformações que se operaram no jornalismo (desenvolvimentos tecnológicos e submissão às lei de mercado) e na justiça (mediatização da justiça)?

Eu acho que isto não altera radicalmente as coisas. O jornalismo hoje já não é exactamente o jornalismo de conceito liberal em que está a lutar exclusivamente em nome do cidadão, mas o facto de serem empresas que visam o lucro não faz com que deixem de ter a função de defesa dos direitos do cidadão.

Depende essencialmente do tipo de jornal e do jornalismo que se faz. Nos casos "Casa Pia" e "Maddie" não há dúvida que a violação do segredo de justiça potenciava a venda de jornais, mas acho que depende essencialmente do tipo de jornal.

O que eu acho que há é uma evolução cultural das pessoas em relação aos seus direitos, que sabem que podem recusar e protestar. Por outro lado, há uma banalização da exposição da vida privada e uma menor valorização do conceito tradicional de honra.

10. Nos últimos anos, o Tribunal Europeu dos Direitos do Homem condenou o Estado Português em oito casos de liberdade de expressão. Que análise faz desta diferença de actuação em relação à justiça portuguesa?

Os tribunais portugueses são treinados e formatados para ver estas questões de uma forma positivista, isto é, em termos do direito ordinário. Não enquadram o problema como um problema constitucional, como um problema de direitos fundamentais, nem atribuem um valor preferente à liberdade de expressão. Já o TEDH, pelo seu lado, considera que as restrições à liberdade de expressão têm de ser justificadas. Têm de ser impostas por uma real necessidade, aquilo que é designado na jurisprudência do Tribunal por uma necessidade social imperiosa. Para defender a honra ou a segurança do Estado, a liberdade de expressão pode ser restringida, mas tem de ser mesmo necessário, adequado e proporcional.

O TEDH tem sido em relação a Portugal um farol relativamente à liberdade de expressão. O TEDH tem a vantagem de fazer um tipo de jurisprudência que é um misto da americana e da europeia. No entanto, hoje em dia, com a entrada dos outros países de leste, com o alargamento do Conselho da Europa, há uma certa tendência deste tribunal, na minha opinião, para ter um entendimento mais restritivo da liberdade de expressão. Por um lado, por virem de regimes autoritários e, por outro, por haver um conceito de respeito pela autoridade, pelo Estado e pelos valores tradicionais maior do que pela liberdade de expressão; e também porque estão no poder sectores mais conservadores, que têm tendência a valorizar mais a honra do que a liberdade de expressão.

ANEXO 205

11. Na sua opinião, os processos judiciais podem funcionar como uma forma de pressão ou censura à actuação dos jornalistas?

Indiscutivelmente. É essa a principal função que eles têm. Estes processos são para intimidar e criar dificuldades económicas. Têm muitas vezes um carácter de retaliação, de alguma vingança, porque os ofendidos sentem-se pessoalmente atingidos.

Os valores elevados das indemnizações destinam-se a punir o jornal e a mostrar que aquele jornalista (essencialmente se estiver ligado à investigação jornalística) é prejudicial ao jornal. Os meios de comunicação têm de ponderar se vão correr o risco e isso leva a que haja informação que não seja publicada. Não tenho hoje em dia dúvida nenhuma de que há informação na comunicação social que não sai em virtude dos riscos de processo judicial.

Por exemplo, num caso mediático se um ofendido fizer um contacto a dizer que vai meter um processo de um milhão de euros, o jornal possivelmente tenderá a recuar, porque isto é ameaçador em termos económicos, corresponde a um prejuízo muito grave.

Por exemplo, o primeiro-ministro pediu 250 mil euros no processo que respeita a uma notícia sobre a aquisição da sua casa. Ele não está à espera de receber 250 mil euros, penso mesmo que não está à espera de receber nada, apenas está a criar uma dificuldade ao jornal, porque as empresas de comunicação social são obrigadas a constituir provisões em função dos processos judiciais que têm. A intenção é só essa, criar dificuldade às empresas, porque um processo que pede 250 mil euros obriga tecnicamente a ter uma parte dessa verba provisionada.

12. Considera que a tutela dos eventuais ofendidos por este tipo de crime se encontra suficientemente acautelada? Ou é excessiva? Ou é insuficiente?

Acho que se encontra suficientemente acautelada. Nos processos cíveis acho que o queixoso está mais salvaguardado do que o jornalista. Os processos cíveis dão mais garantias ao queixoso até pela lógica civilística, nomeadamente porque o jornalista não depõe no julgamento, contrariamente ao processo-crime.